暮らしを彩る PL信仰生活心得

川島通資

芸術生活社

暮らしを彩るＰＬ信仰生活心得

目次

カバー絵　安木洋平「青ノアイダ」

まえがき

ＰＬの教えは「人生は芸術である」というおしえおやの悟りを説いていますが、芸術ということを言葉で説明するのはとても難しいことです。具体的な生活の中では、上手な表現とか、下手な表現とかの差はあっても、それぞれが自由に生活しているのです。

しかし、自由に生活しているといっても、目の前に現れる神業《かんわざ》との関わりが自己表現の条件になるので、その対象との関わりがうまくできなければ自分自身の生活がうまくいかないことになります。対象との関わりがうまくいかないのでは、自分の人生そのものがうまくいかないことになります。

したがって、幸せな生活を送るために知っておくべきことを箇条書きにして示してあるのが「ＰＬ信仰生活心得」です。心得の全文解説は『ＰＬ信仰生活心得解説』（芸術生活社刊）に詳しく書いてあるので、そちらを参考にしていただければよいと思いますが、心得の一箇条一箇条をどのように受けとめ理解すれば実行しやすいのかのガイダンスとして『暮らしを彩るＰＬ信仰生活心得』を上梓する次第です。

あくまでもガイダンスですから、実行してその内容を実感してください。

平成二十九年二月

川島通資

序章

「ＰＬ信仰生活心得」とは

ＰＬ信仰生活心得の各箇条を理解して

ＰＬの教えは、現実の世界をありのままに認識し、その中で生きる人間の自然な在り方を示すものです。

人間には自由が与えられているのですから、どのような生き方をしても生きることはできますが、人としての真福を全うするためには「人生は芸術である」というおしえおやの悟りによる生き方をするべきです。

ＰＬ遂断詞《しきりのことば》の最後の方に「されば人《ひと》の世《よ》の災難病苦《くるしみわずらい》は　みしらせと知《し》りて何事《なにごと》も喜《よろこ》び　神業《かんわざ》のまにまに我執《おのれ》を捨《す》てて践《ふ》み行《おこな》うこそ　人《ひと》の人《ひと》たる真《まこと》の道《みち》と悟《さと》りて」とあるように、人間の自然な生き方は「神業のまにまに我執を捨てて践み行う」ことにあります。

神業のまにまにとは、その時その時に自分の前に現れてくる人や物事と関わりを持つということです。そして目の前に現れる神業に対処するのが、人間の自然な生き方なのです。ところで、目の前に現れる神業は私たちの都合に関係なく、自分にとっていやなことや困ったこともあります。そうした困ったことやいやなことが無いのが幸福であると思って、招福除災を神に願うのがかつては信仰の主目的でした。

しかし、人間の生活に現れる苦痛には、必ず何らかの意味があるのです。その意味をきちんと知って暮らさなければ楽しく生きることはできません。

例えば、人は空腹になりすぎると痛みを感じることがあります。その痛みが起こると、何かを食べて空腹を満たします。このように、生命の維持に直接関係する苦痛に対しては動物的本能で対処できますが、動物的本能だけでは対処できない苦痛もあります。

頭痛やけがなどの苦痛に対しては、薬を飲んで痛みを和らげるという対症療法（その時の症状を和らげる手当て）をするのが精いっぱいでした。それがＰＬによって、「苦痛」には「みしらせ（幸福への道筋を示す）」という意味があることが発見され、その意味を「みおしえ」を通して一人一人に教えていただけるようになりました。

人間は他の動物のように習性で生きているのとは違い、個人個人の自由意志で生きています。したがって、人間はこうすべきであるというような普遍的倫理では、そのときどきの苦痛に対して適切な対処をすることはできません。そのため、ＰＬでは一人一人に「みおしえ」を通して、それぞれの生活が芸術生活となるようにアドバイスしているのです。

ＰＬの世界観はＰＬ遂断詞の中に概略示されています。そして一人一人の自己表現の道は、「みおしえ」によって各人に示されます。そのことはＰＬ遂断詞に、「今《いま》より後《のち》はひたすらにみおしえを守《まも》り　芸術生活《うるわしきたつき》の上《うえ》に自《みずか》らの個性《まこと》を表《あらわ》すにより　光遍《ひかりあまね》き大元霊《みおやおおかみ》の恩頼《みたまのふゆ》もて　永《なが》く楽《たの》しく現世《うつしよ》の幸福《みさち》を蒙《かかふ》らしめたまえ」と記されています。

一人一人が毎日の生活の中で、心得るべきことは「みおしえ」で教えていただくとしても、「みおしえ」をまだ頂いていない人に対して、毎日の生活の中でどのように自己表現をすると楽しくて、どのような物の見方や考え方をすると楽しくないか、という人生の筋道を示しているのが「ＰＬ信仰生活心得」なのです。

ですから生活の中で、楽しくないことやいやなことに出くわした時は、ＰＬ信仰生活心得と自分の心の状態を見比べて、より楽しく自己表現をする工夫をしてください。また、ＰＬ信仰生活心得の各箇条をよく理解して暮らすことが、日々の生活を芸術生活に高める道であることを知ってください。

楽しい生活が本来の在り方

私たちは、善因善果・悪因悪果という言葉によって、善いことをすれば幸せになる、悪いことをすればそれ相応の罰を受けるという観念を植え付けられて育っています。

そのため、「みしらせ」を悪いことをした時の罰のように理解し、苦痛は「みしらせ〈幸福への道しるべ〉」だと言われても、〈悪いことをしたからこういう苦しみを受けるのだ〉と感じてしまう人が多いようです。悪いことをしたから災難病苦が起こってくるのだと思ったり、自分は悪いことをしていないのに何でこんな不幸な目に遭うのだろう、と嘆く人も出てくる訳です。

でもほんとうは、みしらせは悪いことをした罰ではなく、「今のあなたの物の見方・考え方では楽しい生活はできませんよ」という幸福（楽しい生活）への指針なのです。

楽しい生活を送るのが人間本来の在り方ですが、日常生活の中では楽しいことだけではなく、いろいろなことが起こってきます。いやなことや嫌いなこともあります。楽しいことや好きなことは楽しくできても、いやなことや嫌いなことに対しては不足を思ったり、いやな思いをしたりして暮らしているのが普通だと思います。

しかし、起こってくることをいやだ、嫌いだと言っていたのでは、楽しい生活を送ることはできません。楽しく過ごすためには、嫌いなことへの自分の対し方を考えなければなりません。どうしたら楽しくできるかを工夫するのです。その工夫のしかたは、ＰＬ信仰生活心得第二条に詳しく説かれています。

道を知らないと楽しく暮らせない

人間は生きるために必要な力を神から与えられています。その与えられた力――知・情・意などの人間力――を使って楽しく暮らせるように工夫するのが人間本来の在り方なのですが、その力が発揮されない状態になっていることに問題があります。

雨が嫌いな人は雨が降りだすと〈いやだなあ〉と思うだけで、どうすればこの雨を楽しむことができるかと考えようとはしません。しかし、ちょっと頭を働かせれば、雨を楽しむ方法は幾らでもあります。珍しい傘を買うとか、雨は自分だけにあるのではなくたくさんの人のためにあるのだと思ってみるとか、自分の対応のしかたや考え方を変えてみるのです。そのように工夫しようと思った時から、雨を嫌うという気持ちは薄らいでいくでしょう。

嫌いな食べ物を好きになるということも、〈嫌いな食べ物を克服しよう〉と思い立った時からその方法が見えてくるものです。ほとんど食べたことのない物か、最初に口にした時にいやな感じがしたといった理由から、その食べ物が嫌いになることが多いようです。ですから、強烈な臭いがする鮒《ふな》寿司も、幼い時から食べている人にとってはいやな食べ物ではないのです。

人間力の使い方を誤って、〈いやだなあ〉とか、〈どうして自分の思うようにしてくれないのか〉と思って腹を立てたりすると、自分の持っている人間力を発揮できなくなります。そのような状態になると困ったことが起こります。困ったことというのは、病気になったり、不幸な出来事が起こるということです。

人間には自由にものを考え、自由に行動する力が与えられています。現代のいろいろな道具は人間の自由が生み出したものであり、神の知らないものです。

例えば、飛行機などは〈鳥のように空を飛べたらいいなあ〉という思いから考え出されたもので、自然界には存在しません。飛行機だけではなく、自動車やエアコン、家庭の中の電気製品など数え上げればきりがないほど多くの科学技術の恩恵が、私たちの生活の中にあふれています。

そのためばかりではないと思いますが、現代人は人間の力で何でもできるように錯覚し、自由気ままな生活をすることに慣れています。しかし、人間が神に生かされているという事実は否定できません。人間の体は一定の方向にしか動かないようになっています。それを反対に動かすと痛みが生じ、無視してもっと動かすと傷付いて生活に支障を来します。それと同様に、人間の思いも自然な在り方が決まっているのです。

例えば、人間の目は物を見るためにありますが、物の見方にもいろいろな見方があります。好き嫌いの感情を交えた見方をすると、対象のほんとうの姿が見える前にいやだ、嫌いだという感情が出て、ほんとうの姿が見えなくなります。嫌いな食べ物を見た途端に嫌いだと思ったら、それを食べてみようとは思わないものです。このように、物を見るという行為が本来の在り方と違うことになると、そのゆがみがその人の行為のゆがみとなって表れます。

世の中には自分の好きなこと、都合の良いことばかりではありません。どんなことにも対処するのが「人の人たる道」なのです。

私たちは自由に生きる力を与えられています。その力を思う存分に発揮して、目の前に現れてくる物事がいやなことであっても、また、都合の悪いことであっても、その物事に対して、自由に、楽しく対応することができるのです。そのように生きる道が「人の人たる道」であり、自由に生きるということは「わがまま勝手に生きる」のとは違うのです。人間が生きるためには、ルールもあり、マナーもあるのです。そのルールやマナーをしっかりと踏まえた上での自由なのです。

第一条

自分のすることと言うことに誠をこめ、
心を行き届かして暮らします。

人間は自由に生きる存在

私たちは神に依《よ》って生かされて生きています。地球上の動物は全てそうですが、その生かされている姿は、人間と他の動物とでは全く違う様相を示しています。人間以外の動物は皆生きる条件が決まっていて、それに適合するように習性が定まっていま す。ライオンは肉を食べるが草は食べず、牛は草を食べるが肉は食べない、などというようにです。

それに対して、人間はどのような条件にも適応して生きることのできる能力を与えられています。肉でも草でも、蟹《かに》のように硬い甲羅に覆われた物でも食べられます。環境に対しても、北極のような極地、熱帯における高温多湿の地域、チベットのような空気の薄い高地でも、適応して生きられるのです。

人間は自由に生きる存在として生かされているといえます。どんな過酷な環境にも耐え、食べられる物は何でも食べ、どこにでも住み、思ったことは自由に表現して生きるように神に依って生かされているのです。しかし、自由気ままに、各自の思うままに生きていたのでは、社会の秩序は保たれません。それでは安心して生きることができないので、それぞれの社会で倫理・道徳というものが考えられ、社会の秩序を保つ努力が積み重ねられ、現在の社会秩序が形成されているのです。ところが、第二次世界大戦終了後「国家のため」という大義が力を失い、個人の良識に全てが委ねられるようになりました。良識というと格好がいいのですが、実際は家庭環境の中でいつの間にか身に付いたものの見方・考え方のことですから、要するに自分に都合のいいことが一切の行動基準になった訳です。現代社会におけるいろいろな犯罪、個人間の紛争も、それぞれが自分に都合のいいことを求めている結果だということができるでしょう。

自分に都合のいいことを求めるのは、得手勝手な人だけではなく、多くの人に共通することです。商売をすればお客さんがたくさん来てくれることを願い、子育てをすれば良い子に育ってくれることを誰もが願うでしょう。しかし、そのような理想的な状態はそう簡単には実現できません。また、それは人間の働きに関係の無い状態なので、たとえ実現できたとしても人間の喜びとは無関係です。子育ての喜びは子育ての間の苦労にあるのであって、苦労の無い子育てにほんとうの喜びは無いのです。

かつて萩焼の工房で、轆轤《ろくろ》で茶碗《ちゃわん》を作っている職人の仕事を見学したことがあります。轆轤で粘土を茶碗の形に作り上げ、それにトンボ（大きさを測る道具）を当てて、寸法が合っていれば完成ということで轆轤から外す、その動作を繰り返していました。私が見ている間、動作が遅滞することは一度もなく、実にスムーズに茶碗が作られていきました。

その人は三十年轆轤で茶碗を作っているとのことでしたが、仕事ぶりは正に名人芸で、轆轤三昧とでもいうように脇目も振らずに集中していました。その姿はほんとうに美しく、今も私の目に焼き付いています。

人生の潤いを深めるために

人間の表現は続ければ続けるほど、その喜びを深く味わうことができ、上手になっていくものです。これは陶芸に限らず、人間表現の全てにおいていえます。かつて、料理の達人が腕を競うテレビ番組がありましたが、これなども人間表現の微妙さを示すものです。あれは特別な人のことだと、多くの人が受けとめたようですが、誰でも本気で取り組めば喜びを発見することができるのです。それを分かるか否かが、人生を幸福に過ごすかそうでないかの分かれ目になります。

ここで気を付けなければならないのは、物事の味というのは、ある程度続けなければば分からせてはもらえないということです。しかしほとんどの人は、ちょっとやってみては、やめてしまうようです。実にもったいないことです。

例えば、食べ物の味を知るにはよく噛《か》んで食べることだと教えられますが、何度かそうするだけでは味を味わうことはできません。私も実行したことがありますが、とにかく続けるように心掛けていると、食べ物の味はほんとうにいろいろあることが分かり、その食事をするのが楽しくなりました。お米にも葱《ねぎ》にも筍《たけのこ》にも、それぞれの味があり、その味を味わっているうちにこんなにも豊かな味があるのかと感動した覚えがあります。

物事の味というのは食べ物だけではなく、朝起きる時にも、仕事をしている時にも、道を歩いている時にもあるのです。その味を味わうというところに人生の喜びがあります。「自分のすること言うことに誠をこめ、心を行き届かして暮らします」というPL信仰生活心得は、人生の潤いを深めるための心得なのです。

心癖が味を味わえなくする

食べ物の味を味わうことが人生を豊かにする道だと知っても、その味を味わえなくする心があります、それが心癖です。好き嫌いをする心癖を持っていると、嫌いなものを見た時〈嫌い〉という思いがまず出てきます。そうすると、そのものの味を味わう心が出てきにくくなり、嫌いという感情しか起こらなくなります。一つの思いにとらわれて、他の思いが出なくなる状態を「思考停止」と言いますが、思考停止になると人間としての働きができなくなります。

人間の働きはとても大きなもので、どんな状況にも順応できる力を持っています。ところが思考停止になると、たくさん持っている人間力の一つしか働かなくなり、物事の味も味わえなくなるのです。

私は雑念の多い人間ですから、道を歩いていても、何か考え事をしていることが多くありました。〈あの人にあんなことを言ったけど、気を悪くしていないだろうか〉〈あのこともこのこともしなくてはいけないけど、どうしたらいいか〉など、考えることがいっぱいあって、何かを思いながら歩くのが普通でした。

ところが、ある時何も考えずに道を歩いていると、道の横には梅の花が咲いていました。その先には酒屋がありました。何度も歩いている道なのに、そういうことに気が付かずに暮らしていた自分に驚いたものです。見えているものに気が付かないのですから、見るという人間力が働かない状態になっていたのです。

雑念というのは、人間力の一つに違いありません。しかし雑念にとらわれ、他のことに気持ちが向かないのは思考停止の状態であって、人間としては非常にもったいないことをしていることになります。

中国の故事成語に、「心ここにあらざれば、見れども見えず、聞けども聞こえず、食らえどもその味を知らず」というのがあります。「心ここにあらざれば」というのは、今していることに心が向いていないことで、言い換えれば、自分のしていることに心を添わせなければ、そのことをする喜びも無いということを戒めているのです。

この言葉は、「感情《かんじょう》に走《はし》れば自己《じこ》を失《うしな》う」というＰＬ処世訓第五条と同じことを言っています。感情に走って、腹を立てる気持ちなどにとらわれてしまっては「自己を失う」。つまり、人間として持っている働きがいかされない状態になるということです。「心ここにあらざれば」とは、他のことに気が付かない状態になっていることを指してもいるのです。

ＰＬ遂断詞《しきりのことば》に「怒《いか》ることなく急《いそ》ぐことなく憂《うれ》うることなく悲《かな》しむことなく」と示され、次に「即《つ》かず離《はな》れず真《まこと》の個性《さが》を働《はたら》かし」と教えられています。怒る、急ぐ、憂える、悲しむという感情が悪いといっているのではありません。それらにとらわれて思考停止の状態になるのではなく、自分の持っている人間力を精いっぱい働かせて個性表現をしなさいということなのです。

このようにＰＬの教えは、人間本来の在り方を開示しているのですから、教えを実行すればそれだけ楽しく自己表現することができます。

誠を込め、心を行き届かせるとは

以上のようなことを踏まえて、第一条「自分のすること言うことに誠をこめ、心を行き届かせる」とは、どういうことでしょうか。

私たちは神業《かんわざ》の中で生かされています。いわば、目の前に現れてくる神業に対して自分の誠を表現する形で生きている訳ですが、神業は私たちの事情や望みに関わらず現れます。都合の良い神業なら言うことはないのですが、時には自分の望まない神業もあります。

そうした神業に対する在り方は第二条で説明するとして、ここではどんな神業に対しても、ちょうど良い在り方をすることが誠を込めることであり、そのために自分の人間力を精いっぱい働かせることに、人間の存在理由があるということを知ってください。この原稿を書いている私自身、これで良し、と思うところまで書けた時には、自分自身の気持ちの中に、満足感があります。そこまで心を尽くして物事をした時に、ほんとうに生きている喜びがあるのです。

第二条

人や物事や天候の不足などを思わず、
自分の考えや仕方の足りないところを発見し、
何事にも創意工夫の精神を忘れぬようにいたします。

人間の幸福とは

自分の前に現れてくる神業《かんわざ》に順応して生きるのが人間の自然な姿ですが、神業は私たちの都合に関係なく現れてきます。うれしいことだけではなく、つらいことやいやなことなども起こってくるのです。

そのため、神社や仏閣で祈ることのほとんどが、自分にとって都合のいいことが起こるように願うのが普通になっています。順風満帆の航海や五穀豊穣《ほうじょう》、家内安全という願いは、そうなることが人間の幸福だという考えでしょうが、実はそうしたところに幸福は無いのです。

人間が生きる世界は平穏無事ではなく、多事多難の世界です。雨も降れば嵐もきます。そういう事態にぶつかった時にどうするかというところに、人間の幸・不幸があります。

ＰＬ信仰生活心得第二条の冒頭に「人や物事や天候の不足などを思わず」と示されているように、目の前に現れてくる神業に順応して、自分の表現を考えることが大切です。こんなことは現れてこない方がいいのにとか、こんな時に雨が降るなんてという思いを抱きがちですが、ややもするとその思いに引きずられて、他の考えが思い付かない状態

（思考停止）になることがあります。この思考停止を引き起こす原因が「心癖」です。

心癖というのは、こうするのが当たり前だとか、こうしなければならないなどと考えていることで、いわば自分の物の見方・考え方の傾向です。

例えば、仕事は少ない方がいいと思っていると、仕事が増えることを嫌い、仕事が増えないように用心しながら暮らすことになります。その考え方が善いとか悪いとかということはありません。

しかし、そうした考えでいると、人がしていることが気になり、不足を思うことが多くなりますし、自分のすることもできるだけ手間を省いて、簡単に済ませたくなるものです。

そうすると、仕事の喜びを味わえなくなります。仕事というと、何か特別なことをするように思われますが、仕事をするということは人間が生きることです（人は表現※の態《たい》にて生きる）。したがって、仕事を面倒だと思う人は、喜びの少ない生活をみずから求めているようなものです。

人間は自由です。自分の人生をどのように送ろうと自由です。苦労の多い人生を送るのと、人生を楽しんで暮らすのと、どちらがいいか考えてみてください。

※表現の態…私たちは、自分という存在は生まれてから死ぬまでずっと続いていると思っていますが、その生きている姿は何かをするという形（表現の態）をとっています。（小社刊『暮らしの中のＰＬ処世訓』序章から抜粋）

人生を楽しく暮らしたいのであれば、目の前に現れてくる神業を、自己表現の条件だと思って受けとめる努力をすることです。努力というと大変なことのようですが、物の見方をちょっと変えてみるのです。

雨が嫌いだった人が、雨にぬれている花がとてもきれいに見えて、〈雨もいいなあ〉と思ったことをきっかけに、雨が嫌いでなくなったという話を聞いたことがあります。物事というのは、見方をちょっと変えてみることで、違った味わい方ができるものです。そのようにして神業の違った姿が見えてくると、不足を思わずにその神業に対処することができます。

自分のしかたや考え方とは

人間は習慣に基づいて暮らしています。習慣というのは、自分が生まれてから今日までの間に、見たり聞いたり、人から教えられたりして身に付けてきた物の見方や考え方で、万全のものではありません。習慣に基づいて暮らしていると、自分の都合に合わないことにぶつかるとおもしろくない思いをして、そこで思考停止を起こしてしまいます。

人間は生活の中でいろいろなことに遭遇しますが、その神業に順応して暮らすようになっています。したがって、神業に順応できない時には、人間としての働きに支障を来すことになります。

例えば道を歩いている時に、何らかの事情で通れなくなったら、他の道を探して目的地に行くことを考えるでしょう。その時に、〈何でこんな事故が起こるのだろう〉とか、〈すぐ処置すればこんなに苦労しなくていいのに〉と、ぶつぶつと不足を言って目的地に行く人や、〈この道は初めて通るなあ、こんな風景があったのか〉と、新しい道を楽しむ人などいろいろです。

人間としての自然な在り方は、どのような事態にも楽しく対処することにあります。ですから、ぶつぶつ不足を言いながら（思うことも含めて）道を行く人は、その間、新しい道を歩くという喜びを感じられない生活をしているのです。

人が生きるということはそこに喜びがあるということですから、〈いやだなあ〉とか〈けしからん〉などと感情に走らずに、どうしたらこの状況で楽しく過ごすことができるかを考えてみることです。

第二条には、「自分の考えや仕方の足りないところを発見し、何事にも創意工夫の精神を忘れぬようにいたします」と示されていますが、「考えや仕方の足りないところ」というのは、「楽しく対していない」ところということです。

私が学生錬成を受講した時、「雨の中で献身をする時は、まず頭から泥をかぶれ。そうしたら楽しく献身できる」と言われました。言われた通り、泥をかぶって献身すると、もう汚れることを気にすることもなく、献身にはまり込むことができました。そして、物事にはまり込むと楽しいということを体験させていただきました。

楽しいとか、楽しくないとかということは、そう感じる原因が自分自身にあるのです。その原因を変える努力をすれば、どんなことでも楽しくすることができます。ところが、それを認識しないで、対象の方に楽しさがあるように考えて、楽しいことだけが目の前に現れるのが幸せだと思っていると、毎日楽しくないことばかりだと感じてしまうことになります。

どんなことでも本気で取り組めば、楽しくできるということを知っておいてください。

人は自由な存在

現代社会の現状を見ると、実にいろいろなことが起こっています。殺人や窃盗、麻薬の摂取、近親相姦、ホモセクシャルなど、常識では考えられないくらいさまざまな人間表現が行われています。人には、それだけ自由が与えられているということです。

しかし、人間は社会生活を営み、多くの人と共同生活をしているので、毎日の暮らしを楽しくするためのルール（約束・倫理）を決め、それを法律として社会の仕組みを構築しています。そういう意味では法律は、人間の自由を抑制するものですから、法律など無い方がいいという理論も成り立ちます。

何ら規制の無い社会が成立するためには、個人個人が自分の表現を規制する倫理観をしっかりと持っていなければなりませんが、今までの倫理や道徳は自由な人間表現の規準になりません。

なぜかというと、それらは人間の欲望を抑制することに重きを置いていて、道徳を守ることは自分の欲望を抑えること、つまり苦しいことになっているからです。苦しいことを守らせるためには他からの強制が必要で、その根拠が〝国のため〟や〝神が決められたこと〟というもので、以前は警察や宗教などがそうした働きを担うこともありました。

しかし、強制されて守るということはいつか破綻を来すものです。そうした状況を変え、人間が自発的に守る行動規範は〝芸術〟であるとして、「人生は芸術である」との理念の下、〝芸術生活〟を志向する世界を樹立しようとしているのがＰＬです。

自由というのは、欲望を満たすということを内容として持っています。人は自由に欲望を満たそうとしていろいろなことをしていますが、欲望を満たすにも自然の法則があります。例えば、うまい物を食べたいという欲望も、嫌いな物を食べないとか、逆にうまい物を食べすぎるなど食べ方を間違えると、健康を害することになり、その欲望を満たすことができなくなるのです。

第二条の中で「自分の考えや仕方の足りないところを発見し、何事にも創意工夫の精神を忘れぬようにいたします」と教えられているのも、自由な生活をするためには、自分の表現が芸術になるように工夫することが大切ということです。

芸術というと分かりにくいかもしれませんので、楽しくないことにぶつかったら、どう考えたら楽しく表現できるようになるかを工夫する、と考えればいいと思います。

第三条

人や物事に感謝の心をもって暮らします。

感謝するということは

〝感謝する〞ということほど、人によって違いが出ることはないように思います。同じ事柄に対して、感謝する人もいれば、〈こうしてくれたらもっとうれしいのに〉とか、〈誰がこんなことをしたのかしら。また余計な手が掛かる〉と不足を言う人など、実にさまざまでしょう。

人間は主観の動物なので、自分にとっていいことやありがたいことには感謝して、都合の悪いことは不足に思うのが当たり前になっています。それでいいのでしょうか。

ある人が、「天候の不足」について頂いたみおしえの解説で、「天候はあなただけではなく、皆のためにあるのです」と教えられ、夏の暑さは稲が実るためには必要なのだと気付き、不足を思わなくなったという話を聞いたことがあります。

自分には不都合なことでも、全体から見ると必要なことがあるのです。そこを考えると、自分の前に現れる神業《かんわざ》をありのままに受けとめることが、自分の表現を誠の表現とするための心構えだということができます。

私は若いころ、名所旧跡を見物に行っても、どこも代わり映えがせずつまらなく感じていました。後で気が付いたことですが、強情な心（自分の思いを先に立てて）で物を見ると感動をあまり感じないのです。

ところが短歌を始めてから、感動することが多くなりました。景色の美しさや物事の持つ味わいを感じることも、それを見た自分が、美しいとか勇壮だとかいう感動をくみ取るのであって、その能力が無ければ感じ取ることができないのです。このことは「感謝」にもいえるのではないかと思います。

自分本位の思いが招く状態

おしえおやは「感謝は探してでもせよ」と教えてくださっています。感謝すべきことを見落としてはいないかと思って探すことは、感謝の心を育てることになります。そんなことは分かっているという人は多いでしょうが、意外に感謝ということに心を使っている人は少ないように思われます。それは、自分は感謝の心はじゅうぶん持っている、人並みの感謝はしていると思って暮らしている人が多いからです。

ある婦人が「うちの主人は縦のものを横にもしない、出したら出しっぱなしで、手が掛かってしょうがない」と言われるので、「ご主人は亭主関白なのですか」と尋ねると、「そんなことはないですよ。主人はとても優しくて、心遣いも言うことはないのですが、普段の生活でちょっと気を付けてくれたらいいのにと思うので……」と言うのでした。

その話を聞いて、〈不足を思うと感謝の気持ちは薄れ、不足が多くなるのだなあ。感謝をするか不足を思うかのどちらかになるのだなあ〉と思いました。私たちは、感謝もしないが不足も思わないという中間があると感じて暮らしていますが、現実には感謝か不足かのどちらかで、その中間は無いのです。

もっとも、感謝を「ありがたい」という言葉に置き換えて考えると、ありがたいと思うことはそんなに無いと思うのが普通でしょうが、目に見える物が美しいとか、こんなものがあったのかと、神業をありのままに受けとめる心が感謝の心であり、見た途端に、こんな色ではだめだとか、こんなことでは困るとか、自分の都合や考えに合うか合わないかで判断する心が不足です。

「人や物事に感謝の心を持つ」というのは、あるがままの神業を受け入れるということで、楽しく暮らすための心得なのです。

神に生かされている自分

私たちの周りの電気製品は皆、違う機能を持っています。冷蔵庫は物を冷蔵できますが、テレビのように映像は映せません。洗濯機は洗濯はできても、冷蔵庫の働きはできません。それらは独自の機能を持っているから生活に役立っているのです。

これを人間の生活に当てはめると、人間の体は、目には目の、耳には耳の働きがあります。その働きが正常であれば立派に役に立ち、逆に十全でないと生活に支障を来します。

これを神に生かされている自分に当てはめて考えると、人間一人一人は神様がつくった機械のようなもので、そのときどきの神業との関わりにおいて、自分の力を精いっぱい働かせて表現することに意義があるのです。そのためには、感謝の心を持って暮らすことが大切です。

自分の考えや気分を先に立てて神業に対すると、そこにいろいろな雑念を挟むことになります。その雑念が不足の思いなのです。不足というと、はっきりした思いのように思いますが、不足は池の表面に立つ漣《さざなみ》のような思いで、少しでも波があると、映っている影はその波の影響を受けて揺らめいてしまいます。

この揺らめきが良いとか悪いとかではありません。目の前にある神業の姿は、漣の影響を受けて揺らめいているということを知っているのと、知らないで芸術するのとでは、表現そのものが変わり、時にはゆがんでしまう恐れがあるということです。

表現のゆがみとは楽しみを伴わない表現のことで、毎日の生活の中で気付かずに過ごしてしまうほどのことですが、これほど恐ろしいことはありません。人間が生きることの意味は、生活の中でいろいろな物事や人との関わりを持つ間の味を味わうことにあるからです。

人生を楽しむコツ

例えば、食事を考えると、辛い甘いという味覚だけでなく、その時の気分がありま す。好きな人との食事は楽しく、逆に気に掛かることがあると食べ物の味はほとんど感じないでしょう。それでも栄養をとるという食事の目的は達成しているので、何ら問題は無いといえます。

しかし、その時間の自分には〝生きている〟という充実感が無く、いわば空白の時間が生じることになります。

空白の時間が多いほどつまらない人生になります。そこで、どうしたら楽しい人生になるかを考える必要があるのです。

空白の時間が生じるのは、目の前の神業が気に入らないとか、好きでないとかいう理由があって、そのことに気持ちが入らないからです。しかし、目の前の神業は自己表現の絶対条件であり、自分の好みや都合の入る余地はありません。あったとしてもよほど特殊な場合で、あまり望ましくないことだと思います。ですから、望ましくない神業にどう対すればいいかを考えておかなければ、楽しく暮らすことはできないのです。

私たちがおもしろいとか楽しいと感じるのは、創意工夫している時です。どうしたらうまくできるだろうと考えることが創意工夫です。そうした姿勢で物事に取りかかると、気持ちが入り楽しくなります。

人間は神に生かされています。しかし、人生を楽しく幸せにするのは自分自身です。充実した人生にするためには、生かされていることへの感謝を忘れないことが大切なのです。

感謝の心を育てよう

感謝する心は、いいことやありがたいことがあった時に持つものと思っている人が多いでしょうが、人によって随分開きがあるようです。かつて「くれない族」という言葉がはやりました。「あれもしてくれない、これもしてくれない」と要求するばかりで、感謝の無い人たちを指しました。このように、してくれないことに目を向けると、してもらっていることへの感謝も無くなります。

毎日の生活で、人の助けを借りていることはたくさんあります。それらに対して、どれだけ感謝しているでしょう。朝・昼・夜の食事、部屋の掃除など、我が家では妻がしてくれ、私は朝勤めに出れば、家のことはお構い無しの生活をしています。ところが妻が病気をして入院すると、全部自分がしなければなりません。朝食を済ませ、後片付けをしてから勤めに行くようになって初めて、妻に感謝する心が湧きました。このように、感謝すべきことを見逃していることがいっぱいあるのだなあ、と思いました。

私たちは「感謝は探してでもせよ」と教えていただいています。そのような気持ちで暮らすことで、神業を平静な気持ちで受けとめることができるのです。

感謝の心は、具体的な事柄に対してだけでなく、普段から持つように心掛ける必要があります。真剣に神に遂断《しき》って「感謝の心を持って暮らします」とお誓いし、本気で感謝していくことを心掛けなければならないのです。そういう心構えを持たずに起こってくる物事に接すると、自分の都合で判断して、悪いことには不足を思い、いいことは当たり前のことだと思って、感謝することもなく過ごしてしまうのです。

狭い道を運転している時、相手の車がさっとよけてくれて、自分の車を先に通してくれた時、相手の好意に対してどれほどの感謝をしているでしょうか。うっかりしていると、人の好意を見逃して感謝することを忘れてしまうことがあるのです。気を付けたいことだと思います。

第四条

人のためをはかり、
みささげの心を忘れません。

人は何のために生きているのか

私たちは常日ごろ、神に生かされているという事実をあまり意識せずにいるので、「みささげの心」というと、何か特別のことだと思いがちです。本来、人間が生きるということは、世のため人のために自己表現をすることなのです。

PL遂断詞《しきりのことば》に、「あらゆる人《ひと》は　大神《おおかみ》の恩頼《みたまのふゆ》のままに天地《あめつち》の法則《みのり》さながら　世《よ》のため人《ひと》のため芸術生活《うるわしきたつき》に生《い》くる個性《さが》を授《さず》かり　人《ひと》の世《よ》の永遠《とわ》の自由《みさち》に献《ささ》げまつることを道《みち》と定《さだ》めしめたまう」と示されているように、人間は人世のために生きるべく神業《かんわざ》づけられているのです。

その証拠に、人は人のために役立つ働きをしている時には楽しく、自由に行動できますが、自分の都合や利益にとらわれていると、周囲の状況や人のすることが気にかかり、自由に行動できなくなるのです。

例えば、川の流れに沿って下っている時は自由に泳げますが、流れに逆らって泳いでいると苦労が多く、楽しくないのと同じです。そして、その苦労のほとんどは、自分の物の見方、考え方によって生まれているのです。楽しくない時でも、自分の生き方をちょっと変える努力をすれば楽しくなれるのです。

仕事は神様のご用

かつての私は、〈仕事はなるべく少ない方が楽でいい〉と考えていました。仕事のより好みをして、「何でこんなことを俺がしなければならないのか」「こんなに手の掛かることは、誰か他の人がやってくれればいいのに」などと、仕事の不足ばかりを言っていました。

その不足は仕事が増えることへの不足でした。そう思って暮らしていると、ちっとも楽しくなれません。この不足の思いを無くすにはどう思えばいいか、というのが私の課題でした。この課題の答えは、「人が自分に仕事を持ってきてくれるのは、神様に人気があるからだよ」という先輩の言葉でした。

人が仕事を持ってくると思うから腹が立ちますが、神様が「この仕事をせよ」と自分に命じたと思えば、不足を言う理由が無くなります。〈よし、これからは自分にくる仕事は全て、神様が私に〝せよ〟とお命じになるものだ〉と思いを切り替えるようにしました。

しかし、そう思っただけでは何も変わりません。やはり仕事が増えるたびに、〈いやだなあ〉という思いが出てくるのです。そこで私は、〈あっ、これが自分の心癖なのだな〉と反省し、〈神様ありがとうございます。また心癖を出して、不足を思っておりました。気持ちを切り替えて神様のご用をさせていただきます〉と、お誓いするようにしたのです。すると気持ちが変わり、楽しく仕事ができるようになりました。

頭で分かっているだけでは、教えを実行することはできません。実行するという決意を持って、その方法を決めて取り組む必要があります。そして、それを何回も繰り返して実行しているうちに、うまくできるようになり、楽しくなるのです。

そうした努力をせずに教えを実行しようとすると、単なる規則を守るような感覚で教えを理解することになりますから、〈ＰＬとは、何と規則の多い教えだ〉ということになってしまいます。

ＰＬの教えは人間本来の在り方を教えるためのもので、教えを守るということは楽しく暮らすための要件なのです。教えを守るということが苦しくて窮屈だと感じるのは、自分の都合にとらわれ、自分の損得を考えるからです。損得をちょっと横に置いて、その時の自分の表現に心を向けると、教えの実行が楽しくなります。

人間の喜び

人間は、喜びの無い生活には耐えられない性質を持っています。そして、ありがたいことにどんなことでも人間が手掛ける表現には、それなりの喜びがあるようになっています。

喜びには、そのこと自体だけでなく、そのことをするための工夫や努力の喜び、それをしている間に起こるいろいろな変化を味わう喜びなどがあります。どの喜びを感じるかは、本人がどういう気持ちでその表現に取り組んでいるかによります。

陶芸では「土練り三年、轆轤《ろくろ》十年」と言われます。轆轤を挽《ひ》く楽しさは何回も何回も挽いているうちに分かるもので、少しやっただけでは分かりません。それと同様に、どんな喜びもその喜びを深く知るためには、何度もそれを繰り返す必要があるのです。

ところが、喜びというものをその辺りに転がっているもののように思い、何かの拍子に喜びを感じたことにしか喜びが無いように思って、その喜びを追求するという人生を送っている人が多いように思われます。そのような生き方は、人生の喜びの一部だけを味わうということになり、実にもったいない話です。

つまらないと思うことでも、どうすればうまくできるだろうかと工夫すれば、そのことがおもしろくなるものです。楽しくても楽しくなくても、しなければならないことなら、おもしろくなるまでやってみることです。そうすれば新しい喜びを発見することができます。

喜びを生み出す心構え

表現に伴う喜びも人間の喜びの大部分を占めていますが、それよりももっと重要で、大切な喜びがあります。それは、人のお役に立つという喜びです。東日本大震災の時、被災された方から「ほんとうにありがとうございました。おかげで助かりました」とお礼を言われ、ボランティアをして良かったという女子青年の体験談が紹介されました。この喜びは人間本来の喜びで、人のお役に立つということが、その人の存在価値を高めることになるのです。

例えば、人間の内容律には上・中・下という差のようなものがあって、人はそれぞれそのランクにあった生活をしています。人間は平等であるということと、その人がどういうレベルの生活を送るかということは別の問題です。

どういうレベルの生活をするかは、自分自身が決定することで、中・下の生活ではあまり努力は要らないでしょうが、上の生活をしたいと思うのであれば、それ相応の努力が必要です。その努力の方向を示したのが第四条の「人のためをはかり、みささげの心を忘れません」という箇条です。

人間は多くの人と共同生活をしています。共同生活では、何らかの形で人の世話になっています。ところが人は、自分のことを中心に考え、他人のことにまで気が回らなくなりがちです。それでは、人としての価値を低めることになります。

人間は自分自身が生きるだけではなく、周りの人のためになる働きをすることによって、自分の生きる価値を生み出すものです。その働きが無いということは、自分自身の生きる喜びも無いということになります。

したがって、喜びに満ちた生活をするためには、人のために働き、自分の価値を高める必要があります。一人の人に役立つ働きよりも、十人の人に役立つ働きに価値があるということは誰でも分かります。それにもかかわらず、人のために働くことを、何か余分なことをしなければならないように思っているのは大変損なことなのです。

対象への理解が大切

人のためを図るということは、何か特別なことをしなければならないというのではありません。

私たちは表現することで生きています。毎日の生活の中で、そのときどきに目の前に現れてくる対象（人や物事）と関わりを持つ（表現する）訳ですから、対象を理解しなければ、楽しく生活することはできないのです。

そして、対象を理解するためには、「みささげの心」を持ってそれを受けとめなければなりません。自分の都合で対象を受けとめると、楽しい生活をすることができません。自分の都合には対象の入る余地は全く無く、自分だけの世界ですから、喜びが生まれることはないのです。

人間の表現は対象があって初めて具体化するのですから、喜びもまた対象があって初めて生まれるものです。対象への理解があってこそ、喜びを感じることができるのです。

みささげとは、世のため人のために働くということです。みささげしようという心で毎日を過ごさないと、対象を正しく理解することはできません。目の前に現れる神業は、私たちの都合には関係なく突然現れます。ですから、「どのような神業もありのままに受けとめます」という決意を持って臨まなければ、うまく受けとめることはできません。

「みささげする心」は、人生を楽しく送る秘けつなのです。

世界平和のための一切である

人生を楽しく暮らすための心得として、おしえおやは世界平和が一日も早く実現されることを願っておられます。このおしえおやの心を私たちの悲願として、何かお願いする時には、その願いの後ろに「世界平和のためになりますように」という言葉を付けてください。世界平和という言葉だけでは物足りないという人は隣近所の人たちと仲良くすることを心掛けてください。世界平和という壮大な願いも、隣の人と仲良くすることを実行することから始まるのです。

第五条

何人にも何事にも腹立てません。

腹を立てると物事を崩す

怒り・急ぎ・憂え・悲しむという感情は物事を崩す、と教えられています。これらの感情が倫理的に悪いというのではありません。「物事を崩す」から注意せよというのです。

「物事を崩す」とは、仕事・対人関係・家庭などの幸福を壊すということで、腹を立てて得をすることは何も無いと言ってもいいのです。それでも腹が立つのは、気に入らないことがあると腹を立てる習慣（癖）になっているからです。

したがって、腹を立てるのも、一人一人皆違うところで腹を立てるのです。人の言うことを聞いて腹を立てる、人のすることを見て腹を立てる、人の不足を思って腹を立てる、などいろいろです。

腹を立てるのは、その人なりに一定の筋道があり、それに従って腹を立てているのです。

「こんなことも知らないのか」と言われると、自分の全人格を否定されたように思い、腹を立てる人もいれば、「うん、知らないから教えてくれ」と平然と言う人もいます。

それは「こんなことも知らないのか」という言葉を、〈人を馬鹿にしている〉と受けとめるか、〈自分はこのことは知らなかった〉と受けとめるかの違いです。前者のように受けとめると、全人格を否定されたように感じるところまでいくのでしょう。

腹を立てるのは、自分なりのちゃんとした理由があってのことでしょうが、その理由のほとんどは自分の考えであって、相手がどういう思いでそう言ったのかは考えていないのです。それでは自己表現がうまくいかないことになります。

かんしゃくの心癖

ある人が「みおしえに〝かんしゃくの心出しません〟と示されましたが、自分には思い当たることが無いのですが……」と解説を受けに来ました。教師がかんしゃくについていろいろと話しましたが、心当たりが無いと言うので、「奥さんにお聞きになったらどうでしょう」と言いました。

翌日その方が来て、「あなたに限ってかんしゃくを起こした姿は見たことがない、と家内に言われました」と言うのです。

教師は上司の先生に電話をかけて事情を話し、どう説明すれば分かってもらえるのか尋ねました。先生は、「その方は何か気に入らないことがあると〝やめた〟と思うのだろう、その思いがかんしゃくなのだよ。だから〝やめた〟という思いをやめたらいいのだよ」と教えてくれました。

そこで、教師がその方に「あなたは何かに対して、〝やめた〟と思われることはありませんか?」と尋ねると、「そういう思いはしょっちゅうします」と答えるのでした。

更に教師は「それまで自己表現をしようとしていたのに、何か気に入らないことが起こると〝やめた〟と思う、それがかんしゃくなのですよ。ですから、〈こんなにうるさいことを言うのならやめた〉と思った時に、〝やめる〟のをやめて、自己表現を続けたらいいのです」と伝えて解説を終えました。

その方は教会から帰って、いつものようにお店に出て接客していました。不動産業をしていたので、何軒かの物件を案内し、お客さんがやっと一軒の家を気に入ってくれたので、事務所に帰って手続きをすることになりました。

書類を用意している間に、お客さんが机の上のパンフレットを見て、「この物件も案内してください」と言いだしたのです。それを聞いて、〈あれほど時間をかけて案内したのに、まだ案内せよと言うのか。そんなにうるさいことを言うのなら、もうやめた〉と思いかけて、解説の言葉を思い出し、その物件を案内しました。

お客さんは物件を見て納得した様子で、「前の物件の方が良かったので、元通りの契約書を作ってください」と言い、商談が成立したのです。

この方のように、みおしえで教えていただいたことを自分なりの解釈で、〈私は腹を立てたりしない〉と思うのは、教えを頂き損なっているということができます。

先述の通り、腹立てにはいろいろあります。そして腹立ての表現も、大声で人を怒鳴るという非常にはっきりと分かるものから、頬を膨らます、口をとがらすというものや、〝やめた〟と思って、今までしていたことを投げ出すなど、人には分かりにくいものまでさまざまです。

感情はいろいろな表れ方をするので、みおしえを頂いたら解説を受けるというのは、誤りなくみおしえを実行させていただくために必要なことなのです。

感情は毒にも薬にもなる

人間の感情は、人生を豊かに楽しくする宝物ですが、毒にも薬にもなる厄介なものです。ＰＬ処世訓第五条に「感情《かんじょう》に走《はし》れば自己《じこ》を失《うしな》う」と示されているように、感情がちょうど良い状態であればいいのですが、それが行きすぎると自己表現をゆがめる原因となります。

例えば、悔しがるという感情は発奮の原動力になり、その人が成長することにもつながります。しかし、度を過ごして腹立てにまでなると、自己表現をゆがめ、楽しい気持ちで暮らすことができなくなります。

故湯浅竜起先生がある時、「幸福になるには、のんきに陽気に朗らかにして暮らすことを心掛ければよい」と教えてくださいました。〈そんな簡単なことで幸せになれるのか〉と疑問に思いましたが、「のんきに陽気に朗らかに」というのは簡単なようで、実はとても難しいことです。

難しい言葉は一つもありませんが、いざ実生活で「のんきに陽気に朗らかに」しようとすると、まずしなければならないことを全部済まさないと、のんきにはなれません。陽気になるためには、心に引っかかることが無い状態にしなければなりません。

しかし、人間には物を考える力があります。税金のことや野菜の値段が高くなっていること、子供の将来のことなど、考えなければならないことがいっぱいあります。そんな気忙《きぜわ》しい現代社会に生きていて、私は「のんきに陽気に朗らかに」することなど、とてもできそうにないなあと思いました。

しかし、ＰＬの信仰は実行することによって分からせていただけるもので、頭で理解しようとすると、誤解することの方が多いのです。ＰＬの教えは人間の感情について説いていますから、言葉で表現できるほど簡単ではないのです。

例えば、〝不足の思い〟と聞いた時、あなたはどういう感情がそれに当たるかはっきり分かるでしょうか。かつての私は、〈あんなことをして、困ったものだ〉というような思いが不足だと思っていました。

しかしある先生から、「それはもう腹を立てているのだ。〈あんなことをしている〉とか、〈こうするのが当たり前なのに〉というように、人のすることが気になるのは不足の思いなのだ」と教えられ、びっくりしました。そして、人間は澄んだ水のように、淡々として暮らすのがいいのだなあと感じたものです。

澄んだ水のように、と言っても具体的にはどういう心の状態なのかさっぱり分かりません。分からなければ実行できませんので、それを具体的に把握することが必要です。参考までに私の思考の道筋を説明しましょう。ただし、こうしなければならないというのではありません。

澄んだ水のように滑らかな心で暮らすためには、自分の目の前に現れてくる神業《かんわざ》をそのままに受けとめることが大切です。ところが、神業は私の都合は考えてくれません。いやなことや都合の悪いことなどが現れてきます。さまざまな事柄に対応して、それをそのままに受けとめるのは大変なことです。

ジャンケンに例えれば、相手が何を出しても絶対に勝つというくらい難しいことですが、勝つ方法が一つあります。それは〝後出しジャンケン〟をするのです。

この〝後出しジャンケン〟を、〈神業との対応に応用したらどうだろう〉と考えました。勝負の時に使うのは反則ですが、神業との対応に使うのはうまい手だなあと思ったのです。

神業を頂く喜び

私たちは神業が現れる前に、自分の都合を先に立てて、それに合うことは喜びますが、合わないことは不足に思ったり、腹を立てたりしています。それでは「何人にも何事にも腹立てません」という箇条を実行することはできません。

現れてくる神業に対して、〝後出しジャンケン〟をするといろいろなことが見えてきます。神業が何を要求しているのかをはっきり分かって対応するのと、いやいや対応するのとでは、気持ちの上での喜びも違います。

そして、その対応がうまくいった時の喜びは、自分の都合を先に立てて対応するのとは全く違うものがあるのです。

第六条

自分の考えにとらわれて強情ばりません。

自分の考えにとらわれるとは

私たちは、自分の考えが一番いいもののように思って暮らしていますが、自分の考えとは脳細胞が勝手につながって出てくる考えで、実は確固たる理由はありません。脳細胞が習慣でつながりやすくなっているというだけのことなのです。

それを、世の中で一番いい考えと錯覚して強情ばるということは、大変損なことをしているのです。なぜなら、人間は目の前に現れる事柄に対して、いろいろと対応する力を持っていますが、自分の思いに固執すると、その力を働かすことができずに自由な対応ができなくなるからです。

自由な対応をするためには、目の前に現れる神業《かんわざ》に順応して、自分の対応のしかたを自由に変えることが大切です。

私たちは習慣で生活していますので、目の前に現れることに対して決まった在り方をしています。普段の生活はそれで一向に構わないのですが、人間の自然な在り方と比較すると、だいぶ陰りの多い受けとめ方になっています。陰りというのは、気持ちの中でちょっと引っかかっているというもので、その陰りの少ないのが楽しい在り方です。

例えば、目の前に現れる事柄に対して、何の抵抗も無く受けとめることができればいいのですが、自分の考えと違うことや、〈あれっ？〉と思うことなどにぶつかると、あれこれと考えることが多くなります。〈何であんなことをするのだろうか〉とか〈こうすればいいのに〉と、ぶつぶつ不足を思うことになります。そういう思いが陰りなのです。

素直な人と強情な人

素直な人は、自分の目の前に現れてくる神業をそのまま受けとめ、その神業に対してどうするかを考えるので、自由に発想を展開することができます。しかし、強情な人は〈これはこのようにすべきである〉とか、〈こういうことはしてはならない〉とかいう規制を自分で持っているために、自由な発想ができなくなるのです。

〝自分の考えにとらわれて〟というのは、何か自分の考えがあって、あれはああ、これはこう、と考えを決めてしまっていて、それ以外の考えが全く浮かばない状態です。考えが一つになるということは楽なようで、実際は目の前に現れてきたことに対して自由に対応できないという、不自由な状態に自分を置くことになります。

現れることが自分の考えに合うことであれば問題は無いのでしょうが、自分の考えに反することであったり、自分の考えとは逆のことであったりすると、そこで思考停止を起こしてしまうのです。

また、強情な人は何かというと、早合点をします。そんな時は、〈自分は頭がいいから、何でも早く分かるのだ〉くらいに考えて、自分の考えが一つの思いになっていることに気が付かないでいるのです。

商売をしている人は〈今日はお得意さん回りをしようかな〉と一旦は考えても、〈待てよ、今日は天気が良すぎるから、訪ねて行っても留守かもしれない、無駄になってはつまらないから明日にしよう〉と思ったり、また翌日になると、〈雨が降っているから、もう少し天気の良い日に行こう〉というふうに、行こうか、やめておこうか、ということばかりが頭の中をぐるぐる回って、相手のことを自分勝手に決め込み、一向に行動しないことになりがちです。

あれはああ、これはこう、と一つの考えがいつもあって、他の考えが浮かばないという〝強情〟になっているのです。

自分の考えだけで良いのか

私が青年教師時代に、錬成係をしていた時のことです。崖の下で錬成の作業をしていたところ、見回りに来られた総務部長から「崖の下で作業をするのは危険だからやめさせなさい」と注意されました。

その注意を受けて、私は会員さんに崖の下から外れたところで献身をするように指示して、他の献身場所に行きました。ところが会員さんは、いつの間にか崖の下に入って献身をしていたのです。

それを見た部長が「川島は強情なやつだ」と言っておられたと、私に教えてくれた人がいました。私は〈注意されたことはちゃんと会員さんに指示したのだから……〉と、別に何とも感じませんでした。

しかし数年後に、同じような崖下で大きな事故が起こったことがあり、部長が「崖下は危険だからやめさせなさい」と注意されたのは、こうした惨事が起こることを予測してのことだったのかと、深く反省したことがあります。

注意をされた時の私は自分の考えで、ちょっとした怪我《けが》をするかもしれない程度と簡単に受けとめていたので、会員さんへの指示もそれくらいの注意になっていたのでしょう。

だから注意を聞いた会員さんは、部長が感じたほどの危機感を持つこともなく、元のように崖下で献身をしていたのだと思います。

そのように、目上の人の注意を自分の考えで理解していると、目上の人の気持ちをほんとうに理解することができずに、大切なことを聞き逃してしまうことになります。目上という立場では分かっても、目下の立場では分からないことがあるのです。

そのことを考えずに、自分の考えが良いもののように思って暮らしていると、進歩発展することはできません。少しでも相手の気持ちを理解しようと思って、人の話を聞くことが大切です。

人の話には、その人の気持ちが入っています。ところが、いろいろな思いを持って聞いていると、その人の気持ちを聞き取る前に、言っている事柄に反応して、ああだこうだ、と思う場合が多いようです。

人の言うことを聞く場合には、言っている事柄だけでなく、その事柄の上に乗っている、その人の気持ちを理解することが大切です。

強情はどうしたら取れるのか

またそのころ私は、「強情はどうしたら取れますか」と解説を受けたことがあります。そうしたら「素直になればいい」と言われたので、「素直になれないから困るのです」と返しました。すると、その途端に「素直な人は、『素直になったらいいのだ』と言われたら、ああそうですか、と聞く。そう聞けんのがお前の強情なのだ」と叱られました。

それを聞いてがく然としました。というのは、私の経験では、人の言うことを〝ああそうですか〟と聞いたことがなかったからです。強情を取るためには、人の言うことを〝ああそうですか〟と聞かなくてはならない。〈果たしてそのように、人の言うことを聞けるだろうか〉と自分に問い掛けてみると、どうも聞けそうにないのです。

そこでもう一度、解説の内容を思い返してみました。「素直な人は素直になればいいと言われたら、ああそうですかと聞く……」。強情を取るには、今までの自分の在り方を全く変えないといけないのですが、果たして素直にそれができるか、が問題でした。

相手の気持ちをくみ取る

それは、私にとってはとても難しいことでした。いいことを言ってくれる人だけなら素直に聞けるのですが、中には変なことを言う人や、用心しなければならないことを言う人もいて、〈うかつには人の言うことを聞く訳にはいかない〉と思っていたからです。

しかし、何回も解説の言葉を思い返しているうちに、「そう聞けんのがお前の強情だ」と言われたのであって、「聞いてそうしないのが強情だ」と言われたのではない、ということに気付きました。そして聞くだけなら、〈強情を取る修行と思えばできる〉と思ったのです。

翌日、錬成受講中の会員さんと話している時に、〈今誰か話しかけてきたら、〝ああそうですか〟と聞かせていただこう〉と思っていました。そこへ他の会員さんが、「先生、今日は何時に終わるのですか?」と言ってこられました。〈この方は何か急いで帰る必要があるのだな〉と感じたので、「今日は三時に終わって、バスで駅までお送りしますよ」と答えると、「ありがとうございます」と言って、安心した表情を見せられました。

その経験を通して私は、〈人の言葉にはその人の気持ちがこもっているのだから、その気持ちをまず受けとめ、その後に自分の考えを出すことが大切だ〉と感じたのでした。

第七条

気ばかり急いだり、心配しすぎたり、
物事や自分のことを悲観したりいたしません。

人間本来の在り方

〝気忙《きぜわ》しい〟という言葉は、「あれこれ気を配ることが多くて、忙しく、落ち着かない様子」と辞書では解説してあります。〈あれもしなければならない、これもやらなければならない〉と考えることがたくさんあることは、とても忙しいように思いますが、体の方は意外に暇なことが多いものです。

ほんとうに忙しい人というのは、体のスケジュールが十分刻みで詰まっているような人のことを言うのであって、いろいろと考えることは多くても、体のスケジュールは詰まっていないのが〝気忙しい〟人なのです。

したがって、あれもこれもと考えるのをやめて、今目の前にあることに心を向けて、どうすればちょうど良い表現になるかを考えることが大切です。〈早くあれをしなければ〉と先のことを考えるのは、気持ちだけが先に行って体は現在にいる訳ですから、心と体のいる場所が違うことになります。そうなると、人間のほんとうの働きはできません。

ＰＬ信仰生活心得第一条に「自分のすること言うことに誠をこめ、心を行き届かして暮らします」と教えていただいているように、人間がするべきことは、今、目の前にある事柄に対して心を行き届かせることにあります。それが人間本来の在り方なのです。

心配しすぎるのは

人間が生きるということは、〝表現の態《たい》〟において、人間として与えられている人間力を精いっぱい表現することにあります。

ＰＬ遂断詞《しきりのことば》には、人間の表現の在り方として、「怒《いか》ることなく急《いそ》ぐことなく憂《うれ》うることなく悲《かな》しむことなく　即《つ》かず離《はな》れず真《まこと》の個性《さが》を働《はたら》かし」とあります。これは、人間に与えられている力を精いっぱい表現していくところに人間が生きる意義があるのであって、それを妨げるのは〝怒る、急ぐ、憂える、悲しむ〟という人間の感情だということです。

この第七条では、「気ばかり急ぐ」と、急ぐ心について教えていただいていますが、その次に続く「心配しすぎる」ということは、心配そのものがいけないのではなく、「心配しすぎる」と人間としての働きができなくなることを注意しているのです。

例えば、鍵をかけ忘れたとか、コンロの火を消し忘れたというようなはっきりしたことであれば、きちんと対応すればいいことであり、それ以上考える必要はありません。しかし〈自分はあと何年生きられるだろうか。その時に自分の生活はどうなっているだろうか〉などという将来のことは、幾ら考えてもどうなるかは分かりません。そうした結果が分からないことをあれこれと考えて心配することは、「心配しすぎる」状態になっているといえます。

「心配しすぎる」状態になると、そのことだけが気になって、他のことに気が回らなくなります。私も七十五歳になった時に、ふと〈これから何年生きるのだろう〉と思いました。何かがあってそうなったのではありませんが、ふとそう思ったのです。そうすると、早死にした長男の家族のことやいろいろなことが気に掛かり、鬱々と楽しくない毎日を送るようになりました。

そんな生活をしている時に、目まいがして天井が回り始めたのです。〈これはみしらせだ〉と思ってみおしえ願いをして、みおしえを頂き、自分が要らないことを考えていたことに気付きました。

人間は神に生かされて生きています。生かされているままに生きているのが一番自然な姿ですが、人間は頭がいいのでいろいろと考えます。それも必要なことなら良いのですが、先々のことなど、今考えても分からないことをあれこれと心配するのは無駄なことなのです。

相手の気持ちを理解する

人間は、自分の都合のいいように周囲の状況を組み立てて生活しています。エアコンや暖房器具によってちょうど良い温度を作り出したり、照明で周囲を明るくしたり、炊飯器を開発して誰でもおいしいご飯を炊けるようにしたり、自動車や飛行機などを創造して遠くに行くことを楽にしたりしています。

このように、私たちの生活は自然そのままではなく、人工の機械や道具によって人間が住み良いように組み替えられているのです。そういう環境に慣れているために、何でも自分の都合に合わせるのがいいことだと思う習慣が、私たちには身に付いてしまっています。

ところが、社会という共同生活の場では、自分の都合のいいようにする訳にはいきません。そこにはいろいろな考えの人がいるので、それらの人と仲良くしなければ気持ち良く暮らすことはできません。

仲良くするためには、まず相手がどういう気持ちでいるのかを知ることが大切です。しかし、何の努力もせずに相手の気持ちを知ることなどできるはずもありません。それで自分の気持ちの向くままに相手を判断して暮らしている訳ですが、それではせっかく自分に与えられている力を働かさずに、苦労していることになります。

人間は自分の気持ちを表現して暮らしています。その表現には、言葉で表すものと、言葉ではなく態度や仕草で表すものとがあります。相手が自分の気持ちを言葉に乗せて表現している時、相手の気持ちを理解するには、相手の言うことを白紙の気持ちで頂くという聞き方をすると、そこに込められた思いをくみ取ることができます。

人間の表現は不自由なもので、必ずしもその言葉に気持ちが全て表現されているとは限りません。しかし、言うことを「ああそうですか」と白紙の心で聞くことで、相手がどういう気持ちで言っているかが分かるのです。

相手の気持ちが分かった上で、どう対応するかを決めればいいのであって、分かる前に相手に対する在り方を決めてしまうのは〝強情〟です。まずは相手の言うことをそのまま受けとめましょう。

悲観するのは

物事を考えるのに、良い面を見て〈これから良くなる〉と考えるのと、悪い面を見て〈これから悪くなる〉と悲観的に考えるのと、二通りあります。どちらがいいとは言えませんが、神業《かんわざ》の流れはどちらかというと、楽観的な方向を向いています。PL遂断詞の最初に「貴光《たかひか》ります大元霊《みおやおおかみ》は　現世《うつしよ》の万象《あらゆるもの》を生ませたまい芸術《つく》りたまい天地陰陽《あめつちかげひ》の約束《きめごと》により　日《ひ》に日《け》に育《そだ》て太《ふと》らせたまう」とあるように、〝育て太らせたまう〟方向に向いているのです。

初代教祖は、「世《よ》の中《なか》にあらはれたる一切《いっさい》のものは皆《みな》ひとをいかす為《ため》にうまれたるものと知《し》れ」と人訓を授かって、この教えを立教されました。この人訓は、世の中の一切のものは皆人をいかすために生まれているのだ、人間のためにあるのだということをはっきりと示しているのです。

ところが、神がこの世を創ったことを過大視して、神は万能であるという考えが生まれ、人は万物の霊長である、ということを過小視する傾向を生み出しました。そのために人間理解をゆがめ、〈人間が不注意なことをするのは、不完全なものだからしかたの無いことだ〉という、変な言い訳も生んだりしています。

しかし、不完全な人間なんてあるはずはないのです。〝不注意〟とは、〝注意すれば気が付くことに気付けないでいる〟ことですから、人間の不完全さの証明にはなりません。人間は自分に与えられている力を精いっぱい働かせるところに生きる意義があるのですから、神に遠慮することなく、堂々と人間としての力を発揮して暮らすべきなのです。

そして、自分の力を精いっぱい働かせるためには、将来に希望を持ち、意欲を燃やして個性を表現していかなければなりません。個性というのは、「これが自分の個性だ」と自分で言うべきものではなく、一生懸命に表現している姿を見て他人が認識するものです。

ここに、かの高名な画家・雪舟が書いた落書きがあるとします。雪舟という名前があるので、幾らかの金にはなるかもしれませんが、〝絵〟としての価値はありませんし、それを描いた雪舟の心にも喜びは無いでしょう。芸術の喜びは、自分が精いっぱいの努力をして生み出されるものです。

ですから、自分の個性を表現しようと思うなら、いつも意欲に満ちた状態でいることが大切です。将来のことを考えて悲観したり嘆いたりするのは、自分の意欲を削《そ》ぐだけで、個性を表現する上で何の役にも立ちません。

〈こんな不景気な世の中だとお先真っ暗だ〉〈自分は学歴が低いので先は知れている〉などと悲観的に考えるのはやめて、精いっぱいの努力をしようという意欲を持ち続けてください。

第八条

欲な心だしません。

欲望を無くすことはできない

人間の欲望は人間の存在を支えるために必要なものですが、その欲望を必要以上に満たそうとするのが〝欲な心〟といわれるもので、私たちが戒められているものです。

例えば食欲は、人間にとって欠くことのできないものです。食欲を感じなくなると生きてはいけません。ところが、それほど大切な食欲も、暴飲暴食、偏食などといわれるような勝手な食べ方をすると、胃を壊すことになり、生命に必要な栄養を取り込むことができなくなります。食欲があるからといって、わがままな食べ方をしたのでは元も子も無いことになってしまいます。

それでは、人は何のために生きているのでしょうか。ＰＬ遂断詞《しきりのことば》には、人は「世《よ》のため人《ひと》のため芸術生活《うるわしきたつき》に生《い》くる個性《さが》を授《さず》かり　人《ひと》の世《よ》の永遠《とわ》の自由《みさち》に献《ささ》げまつることを道《みち》と定《さだ》めしめたまう」とあります。人間は自分のことを考えるだけではなく、常に人世のためということを念頭において生きなければならないのです。

こういうと、何か堅苦しいことをしなければならないように聞こえますが、実はそれほど大したことではありません。毎日の暮らしの中で接する人と仲良くすればいいのです。

人間は〝表現の態《たい》にて生きる〟のが原則ですから、表現の態をつくるためには、対象（人や物事）と自分との関係をちょうど良いものにしなければなりません。そのためには、対象の状態をよく知る必要があります。対象が〝人〟の場合は、その人がどういう考えを持ち、どういった心でいるのか、ということです。そして、自分の表現がちょうど良い表現となるためには、世のため人のためということを常に心に置いて行動しなければならないのです。

食欲のように、自分一人のための欲望であっても、人世のために働くためには私たちは健康でなくてはなりません。そのことを自覚して、好きな物を食べる時でも腹八分目くらいにするなどして、体調管理を心掛けることも必要なのです。

豊かな生活をするためには

人間の欲望は生命を維持するためにありますが、それに即《つ》きすぎると害毒となります。暴飲暴食や偏食をすると、ちょうど良い表現の枠を超え、それが体を壊す元となります。

また、お金に執着しすぎると、お金が人の幸福を壊す元になります。お金は、あればあるほど良いように思いますが、使う当ての無いお金ほど厄介なものはありません。お金は物々交換の手段として考え出されたもので、何かと交換しなければ何の働きも持ちません。戦後の物の無い時代にはインフレになり、物価が高騰して、物を手に入れるためにはお金をたくさん出さなければならなくなりましたが、これは、お金そのものには価値が無いことを示しています。ところが、お金が何にでも交換できるところから、人々はお金に価値があるように思って、お金さえあれば幸せになれるという錯覚を持つようになりました。

そのためお金に執着し、お金を出すことを嫌う人が多いようです。お金を出すたびに、〈今幾らお金を出したから残りは幾らだ〉と、いつも〝引き算〟の生活をしている人がいます。月給をもらった時は心は豊かですが、月末になると〈あと二万円しかないから、少し使うのを加減しなければならない〉などと考えて、寂しい気持ちになったりします。この考え方はちょっとおかしいのではないかと思います。

〝足し算〟の考え方で

例えば、給料を三十万円もらっているとすると、それを使って月末に二万円残っているなら、二十八万円は自分の幸せのために使った訳ですから、〈二十八万円分の幸せが増えた〉と考えなければなりません。お金を使うというのは、どぶに捨てたのではないのですから、幸せが増えた分を〝足し算〟して喜んで暮らさなければ、勘定が合わないことになるのです。

ところがお金に執着していると、お金が出ていくことばかりが気になるものです。子供が「学校の集金袋に入れるお金を頂戴」と言ってきた時、「はい」と言って気持ち良く出せる人と、「また必要なの？　この間出したばかりじゃない」と、一言嫌みを言ってから出す人との違いは想像以上のものがあるのです。それは、〝引き算〟で暮らすか〝足し算〟で暮らすかの差であり、その違いは、お金を出し入れする時の心の働きに大きな違いを生じます。

お金は、あなたの手元から出ていく時にほんとうの働きをするのですから、出ていくのをいやがるのはお金の働きをじゃまする心です。

何かの請求書が届いた時に、〈今手元にお金はあるけど、後で必要になると困るから一日でも遅く支払いたい〉というような気持ちになったり、家族で外食して支払いをする時に、〈こんなに高いのなら家で鍋でもつつけばよかった〉と不足に思い、何か損をしたような気持ちになったりするのは、自分の幸せが増えるのをいやがっていることになります。

出すのがいやでも、必要なお金は出さなければならないし、お金を出すことで自分に必要な物が手に入るのですから、出すべきお金は喜んで出すのが道です。そのためには〝足し算〟で暮らすことです。お金を出す時に〈お金を出した分だけ幸せも増える〉と喜んで受けとめるようにすれば、〝足し算〟で暮らすことができるようになります。

自分の都合だけでは

「欲な心を出さない」というのは、自分だけのことを考えたり、自分だけのために欲張るような心を出さないということです。

気を付けているつもりでも、うっかりすると自分の都合で行動し、人に迷惑を掛けてしまう場合もあります。

例えば、買い物の帰りに友達に会ったとします。自分は帰りで気持ちにゆとりがあるので、いろいろなことを話したいと思っていても、相手はこれから買い物に行って、〈早く帰ってあれもしなければ、これもしなければ〉と忙しい気持ちでいることもあります。そんな時、相手の状況を考えずに話し込んだりすると、〝自分さえ良ければ人はどうでもいい〟という状態になってしまいます。

意図してそうした訳でなくても、自分の都合だけで暮らしていると、気が付かないうちにそうなってしまうのです。

ある時、私が見通しの悪い自動ドアの前に立っていると、ドアの向こうにも人がいました。その人は私が立っているのを見て、さっとよけて先に通してくれました。私は何か考え事をしていたので、何も思わずに通り過ぎたのですが、後で考えてみると、その人は私のために道を空けてくださったのだから、〈会釈して相手の好意に感謝すべきであったなあ〉と反省しました。

このように、自分の都合で暮らしていると、人の好意を当然のように受け取って、そのときどきの相手のことは少しも考えられなくなっていくのです。

ただし、これは人のことばかり考えて、〈こう言えばああ思うのではないか〉とか〈こうすれば人の迷惑になるのではないか〉という思いから、自分の表現を控えるということとは別の問題になります。

ここで申し上げたいのは、ちょうど良い表現を心掛けていかなければならない、ということです。

ちょうど良い表現

このちょうど良い表現というのは、とても難しいものです。人間はうっかりすると自分の都合で暮らしてしまうので、人に対する配慮を忘れがちです。そうならないように神様にお願いして暮らせば、その時その場に必要なことを必ず気付かせていただけます。

そして、気付かせていただいた時に、少しでも相手のことを考えて接することで、人への配慮を欠くことが少なくなり、ちょうど良い表現ができるようになっていくのです。

ＰＬの教えは、人間の生きる道を事細かに示してくれるだけでなく、実生活の上で教えを実行するための道を創造し、礼拝や祖遂断によって、至らぬ私たちが芸術生活をできるように指導していただけるのです。

ＰＬの信仰によってこの世の幸せを満喫してください。

第九条

何事にもずるいこととなるような心だしません。

ずるいこととは

私たちの生活の中には、ちょっとしたことで〈得をした〉と思うことがたくさんあります。例えば、釣り銭を多く渡されたとか、お客さんが品物に傷があることに気が付かず、定価どおりに買ってくれたとか。そういうことがあると〈儲《もう》かった〉と思いがちですが、それは大変な錯覚です。

随分前の話になりますが、私の先輩に当時の文部省の課長をしていた人がいました。その人が書類の選考をする際、ある団体の順番を早めて、そのお礼にと何がしかのお金をもらいました。そのことが収賄に当たるとして免職になったのです。

この人は最初、思いもかけないお金が入ってきて〈儲けた〉と思ったのでしょうが、その代償として、それまで積み重ねてきた人生の努力の成果を、取り上げられることになったのです。

理由無く自分の所に入ってくるお金は、出ていく時に〝ちく〟と心を刺していくことになります。だから、このようにずるいこととなるような心は出さない方がいいのです。

人には分からなくても

ずるいことというのは、大したことではなく、ほんのさ細なことでも、〈人に知られなければいい〉と思ってするのでしょうが、隠していることはいつかは明らかになるものです。

たとえ人に知られていないと思っても、自分は知っています。自分の心にあることは必ず人の知るところになるのです。

かつて、二代教祖から「〝秘密《ひみつ》は日満るという言霊《ことだま》〟だ。だから秘密にしていることは、〝日満る〟ことでいつかは明らかになる」と教えていただいたことがあります。このように、世の中に隠し通せることはない、ということを知っておく必要があります。

全力を尽くすところに

人は〝表現の態《たい》にて生きる〟ところに、生きている意義も喜びもあるのです。ところが、ずるいこととなるような心でいると、自分自身の心の弾みが無くなります。ちょっとしたことを骨惜しみしたり、楽をしたいという思いを持っていると、その時することに対して全力を尽くすことができなくなります。

例えば、絵を描く時「空に色を塗るのは大変だから、手を抜いて半分くらいにした」というような中途半端な絵では、誰も評価しないでしょう。それは見る人だけの問題ではなく、自分自身にも絵を描いた喜びはありません。

卵の殻を割るにしても、〝卵を割る〟という心で、ちょうど良い力加減で割るのでなければ、うまく割れないでしょう。このように人間の表現は、その時に直面している事柄に対して、自分の全力を挙げて対していかなければ、良い表現にはならないのです。

ずるい心というのは、〈こうするのが全力だ〉と知っていながら、〈このくらいでいいだろう〉とか〈これくらいのことは許されるだろう〉という思いから、すべきことをしないという心です。尽くすべきことを知らずにいるのなら罪も軽いのですが、知っていてそれを省くということはとんでもないことです。

しかもそうすることで、〈自分が得をする〉と思っているのですから、はたから見るといじましい限りです。そんないじましい思いをせずに、当たり前のことをすれば立派な自己表現ができるのです。

幸福は外から来るものではない

人は幸福になりたいと思って、〈金を儲けよう〉とか、〈人より優位な立場に立ちたい〉と思うのでしょうが、価値のあるものを自分の方に取り込んだからといって、そこに幸福はありません。

ドイツの詩人カール・ブッセの作品に「山のあなたの空遠く『幸《さいわい》』住むと人のいう……」という詩があります。要約すると、山のはるか遠くに幸福が住んでいる、と人が言うので行ってみたけれど、見付けることができずに帰ってきた、という内容です。また、メーテルリンクの童話のように〈青い鳥を捕まえたら幸福になれる〉と思って、青い鳥を探しに行く人もいないでしょう。

人間の幸福というものは、そのように探すものではなく、自分自身の毎日の生活の中の喜びにあるということを、みんな知っているからです。それにもかかわらず、神社や仏閣にお参りしては〈入学試験に合格しますように〉とか、〈良き縁に恵まれますように〉などと自分勝手なお願いをして、それで満足していることが普通になっています。

お願いをすることで心の安らぎを得るという意味では、それも無駄ではないでしょうが、現実の生活では、ただお願いするだけでは何も起こりません。

　私の経験でいえば、大学の入学試験を受けるにあたって「受験心得」を頂き、解説を受けました。その時「大学に入学するために受験するのだから、合格することだけを考えればよい」と教えられ、〈そうだなあ〉と思ったので〈落ちたらどうしよう〉という思いを捨てて合格することだけを考えました。

　合格するには試験で満点を取る必要はないので、〈合格点を取るにはどういう勉強をすればいいのか〉を考え、それを目標に勉強を始めました。〈百点を取らなければならない〉というのと、〈合格点を取ればいい〉というのとでは気持ちが違いますし、どの教科のどこを補えばいいかもはっきりと分かるので、勉強の目標もはっきりします。目標がはっきり決まると、勉強も楽しくなり、勉強しているところをちゃんと覚えることに、全力を尽くすことができるようになりました。

　ですから、全国模試の成績も漫然と見るのではなく、〈どこが分かっていないのか〉と、自分の勉強の進み具合をチェックするものとして有効に活用するようになったのです。

　このことを通して、自分の全力を挙げて生活することの楽しさを知りました。多くの人が受験時代を「暗黒の時代」だと言うのを聞いて、私の受験時代は「幸福の時代」だったと再確認しました。

真実の表現を

前述しましたが、ずるい心とは、全力を挙げるにはどうすればいいかを知っていながら、それをしないでおこうという心ですから、もったいない話です。ずるいこととなるようなことをした時には、自分の心に引っかかるような滓《かす》が残ることになります。

例えば、きれいな野菜に傷んだ物を混ぜて、〈お客さんが気付かずに買ってくれたら儲けものだ〉という思いでいるとします。お客さんがその野菜を手に取るたびに、〈気が付かないでくれ〉と祈るような気持ちになるでしょうし、また、その野菜を買い物カゴに入れるのを見たら〈早くレジを済ませてほしい〉と思うなど、ちょっとの暇も無くあれこれと気を使うことになるでしょう。

そんな無駄なことに気を使うよりも、「この野菜はちょっと傷んでいますから値引きします」とはっきり言って商売をした方が気持ちも良いし、お客さんも「あそこの店は安心だ」と店を信頼する気持ちになり、かえって店が繁盛するということになります。

このように考えると、ずるいことをしてちょっとした得をするよりも、自分の真実を表現することに全力を注ぐ方が楽しいし、得るものも多いことになるのです。

近欲《ちかよく》にとらわれると

人間は得をしたいという気持ちが強いので、ちょっとでも得をすると思うと、つい近欲の心が出がちになります。近欲というのは、儲け話とか詐欺に引っかかる心で、「〇〇万円預けるとすぐに倍になる」などと普通ではありえない話を聞いても、儲けのことだけが心に入り、その話に乗ってしまうことをいうのです。

戦後の物の無い時代に安い毛布を大量に仕入れて、大損をしたという人がいました。その人は自分の店のお客さんが何を求めているかを考えずに、〈この毛布は幾らで売れるから、幾ら儲かる〉と儲けの方を計算して仕入れた訳です。ところが山手の高級住宅地にあったその店では、そんな安い毛布などは全く売れず、結局安い値段で別の店に引き取ってもらったということを聞いたことがあります。これなども近欲の心のために損をしたのです。

人生に楽をして儲かることは一つも無い、ということを心に置いて、いつも明確な目標に向かって努力を惜しまず、明るく堂々と表現することに全力を傾けましょう。といっても、力いっぱいではなく、その時の対象にちょうど良い真実表現をするのが全力で表現するということです。この全力表現を邪魔《じゃま》するのがずるい心なので、そんな心は出さない方が楽しく幸せに暮らせるのです。

第十条

夫婦はしんから仲良くして暮らします。（上）

夫婦という神業《かんわざ》

人間は神に依《よ》って生かされて生きています。神に生かされているということは男性、女性、それぞれの体の構造が違う通り、働きの違いとして現れてきます。人間の幸福はその働きがじゅうぶんにできた時に感じる喜びにあるのです。

ところが、現代社会は男性優位の構造になっているので、時として女性の人権を無視するところがあり、女性の働きが割を食ったりするようなところがあります。そうしたことから、男女同権を求める声が大きいのも事実です。

確かに、人間としては男女同権でなければなりません。しかし、男性と女性の性の違いによる差は厳然としてありますから、その違いをはっきり知って暮らさなければ、楽しく暮らすことはできないのです。

その違いの一つに、愛情の違いというものがあります。

男性の愛情と女性の愛情

男性と女性の肉体的な構造の違いは誰もが知っているでしょうが、愛情表現にも男女の違いがあることには多くの人が気付いていません。男性と女性というところまで話を広げると複雑になるので、ここでは夫婦関係に限定して話をしたいと思います。

例えば、夫が妻を愛するというのと、妻が夫を愛するというのとでは、その心情にはっきりとした違いがあります。夫が妻を愛するのは、妻を喜ばせたいという思いによる愛情表現ですから、妻が喜べばそれで満足ということになりますが、妻が夫を愛する時は、夫がそれを喜ぶだけでは満足できない思いがあります。

つまり､母親が､子供のことを思ってあれこれ手を尽くすような愛情表現ではなく、夫の心が自分の方を向いてくれることを期待する愛情表現なのです。

それらの違いを知らずに夫を愛すると、その愛情は夫に届かないだけでなく、夫からうるさがられることになったりします。

女性の場合は、夫から愛されることを願っての愛情表現ですから、夫の気持ちに添うということが大切です。夫に添うというのは、〝その時に夫がしたいと思っていること〟に気付いたら、すぐにそれができるようにしてあげるという在り方です。そうした気働きのできる妻が夫から愛される妻であり、そんな気働きのできるようになることが、夫の気持ちを自分の方にひきつけることになるのです。

もちろん〝夫婦しんから仲良くする〟ためには、女性だけがそうすればよいというのではなく、男性にも心掛けなければならないことがあります。

妻を粗末にする在り方

ある医学部教師の体験を紹介します。本庁で歯科医の仕事をしながら大学で、がん発症の研究をしていた時のことです。

その研究はネズミを幾つかのグループに分けて、いろいろな処置をして経過を見るというもので、本庁に帰っている時は助手にその観察を頼んでいました。ところがある日、その助手から「全てのグループのネズミが死んでしまいました」という電話が入ったのです。

一つのグループが死んだというのであれば、それも研究の記録として残るのですが、全部死んでしまったということになると、初めから研究をやり直さなければなりません。〈これはみしらせだ〉と思って、みおしえをお願いしました。頂いたみおしえには「妻を粗末にしない」という意味の箇条がありました。

その教師は熱烈な恋愛結婚だったので、妻を粗末にしたという自覚がありませんでした。しかし解説を受けると、「実験のことを妻に話していたのか」と聞かれてびっくりしました。〈医学のことは妻に話しても分からないから、自分がすればいいことだ〉と思っていたので、どうしてそのようなことを言われるのか不思議に思い、「なぜですか」と問い返しました。

すると、「その思いが妻を粗末にしているのだ。夫婦は一体の神業であり、夫の仕事は妻も一緒にしているのだから、仕事のことも妻に分かる範囲で話しておくのが夫の役目なのだよ」と教えられたのでした。

その教師は、〈夫婦というのは、そこまで気持ちを一つにしなければならないのか〉と反省したそうです。

仲良くするということは理非曲直を超えた問題で、「亭主の好きな赤烏帽子《えぼし》」という諺《ことわざ》があるように、妻の在り方としては、夫がしようと思うことであればそれに従うのが良いのです。また夫の在り方としては、自分がしようと思っていることは妻が理解できる範囲で話しておき、いつも一緒に仕事をしているようにするのが役目といえるのです。

話をよく聞く

夕食の時などに、妻があれこれと今日あったことを話しかけてくることがあります。そんな時、夫の多くは〈何でそんなつまらないことを話すのか〉と、うるさいとしか思わないようです。しかし、夫婦仲良くする秘けつはその話を聞くことにあります。

妻が夫に話しかけてくるのは、自分の心を夫に投げかけているのであって、どうしたらよいか相談しているのではありません。ただ自分の気持ちを聞いてほしいのです。しかし夫の方は、妻の話しかけに何らかの結論を出さなくてはならないと思って聞いているので、どうでもいいようなくだらないことと感じると、〈うるさい、そんなことは言わなくてもいい〉と思うのです。

この気持ちのずれが、夫婦仲のずれに発展するのです。夫としては〈自分は仕事のことで頭がいっぱいだから、家のことまで俺に相談しなくても、お前が決めればいいではないか〉と思いながら聞いています。そこに「あそこの大根が十円安かった」とか「のら猫が自動車の下で休んでいた」とかいう話が出てくると、〈わざわざ俺が聞くまでもないことじゃないか。つまらないことを言うな〉といら立つのです。

しかし妻の方は、〈私の話を聞いてくれないのは、自分に関心が無いからだろう〉というように考えます。そうして妻の気持ちが夫から離れると、夫の方も何となく家庭に居づらくなり、勤めの帰りに寄り道をするようになったりして、夫婦の間に隙間風が吹くのです。

会話というのは、気持ちの交流を得るために大切な働きをするものです。言葉にはその人の気持ちが乗っていますから、話の内容を云々《うんぬん》する前に、妻の気持ちを受けとめることが大切です。そのためには、話を本気で聞くということが必要になってきます。

素直な心が大切

素直な心が無いと、何かと錯覚をしてしまうことになります。私も素直な心が分からなくて、随分苦労しました。それが解決したのは、強情を取る解説を受けてからです。その解説で、「素直な人は、『素直になればいいんだ』と言われたら、ああそうですか、と聞く。そう聞けないのがお前の強情だ」と教えられ、初めて人の話を〝ああそうですか〟と聞くことができたのです。そしてそう聞いてみると、みんな良い人ばかりなのです。

その良い人の言うことを、私は自分の思いでいろいろと考えて、一つもそのままには聞いていなかったのです。夫婦のことでいうと、私の妻は、肉は食べてはいけない、塩を使うのはダメだ、とうるさいことばかり言います。その言葉を素直に聞くことによって、妻が私の体のことを心配して言っていることに思い至ったのです。

人の言葉には、その人の気持ちがこもっています。ですから、その言葉をいいかげんに聞いていると、人の気持ちを受け取り損なうことになります。

夫婦仲良くする秘けつ

妻の気持ちが分からない時の私は、仕事をしていれば、それで夫としての役目はきちんと果たしているつもりでした。しかし、そういう夫婦では、ほんとうの幸せは味わえません。妻が話しかけてくる言葉をそのままに聞き、その言葉にこもっている妻の気持ちが分かるところまで聞いて初めて、夫婦としての心のあり通いが生まれるのです。

そのためには、強情な思いをちょっと横に置いて、人の言うことをそのままに聞いてみることが大切です。例えば夫の在り方としては、妻が話しかけるのはそれなりの気持ちがあることを知って、ちゃんと聞いてあげることです。夫に限らず妻も、相手を思いやる心遣いをすること、それが夫婦仲良くする秘けつなのです。

第十条

夫婦はしんから仲良くして暮らします。（下）

妻の道とは

〝妻の道〟と聞くと、夫のためにをすることだと思う人が多いようですが、そうではなくて、妻の立場に立ってより良い自己表現をするための道です。したがって〝妻の道〟を守るということは、妻自身の自己表現のためのものであって、夫のために守るというものではありません。

例えば、社長秘書が自分の自己表現だからといって、自分勝手な判断で動いたとしたら、それが一般的にみてどんなにいい表現であっても、社長の仕事にとっては迷惑至極なことになりかねないでしょう。

社長秘書という立場においては、社長の行動をよく把握して、その行動が順調にいくようにいろいろと心配りをすることが仕事です。

それと同様に妻という立場は、夫とともに夫婦一体となって芸術を行う立場ですから、その夫婦芸術がうまくいくように心配りをする必要があります。そうした心配りのある表現をしていると、妻としての喜びを味わうことができるのです。

それを無視して、自分独自の自己表現をしたいというのであれば、結婚しなければいい、ということになりかねません。結婚してから自分のしたいことがあるのなら、相手とよく相談して了解を得た上でする必要があります。了解も得ないで、結婚後に自分勝手な行動をしていると、夫婦関係を保つことはできなくなります。

そういう意味で、妻という立場では「こういうことを心掛けるといいですよ」と、自己表現の大枠を示しているのがＰＬの〝妻の道三箇条〟です。

妻の道の詳しい内容は、教会で聞いていただくとして、ここでは、妻の愛情表現についで述べることにします。

妻の愛情表現

妻の愛情表現は夫から愛されたいと願ってするものですから、夫がそれを喜んで、自分を愛してくれることで初めて満足するというものです。

その愛情表現を〝愛される愛〟と呼び、夫の愛情表現を〝愛する愛〟と呼ぶことにします。

〝愛する愛〟は、人を愛するという思いを持った時に、相手のためを考え相手の喜ぶことをしてあげる、という形を取る愛情表現です。その場合は、自分が〈こうすれば相手が喜ぶだろう〉と考えることをしてあげるのが普通です。

それに対して〝愛される愛〟は、自分が〈こうしてあげたら喜ぶだろう〉と思うことではなく、〈夫がこうしてほしいだろうな〉と思うことをすることです。この二つの表現の違いがどこにあるかというと、発想の基点が自分（自分が相手にしてあげたいこと）にあるのか、愛する相手（相手がそうしてほしいと思っていること）にあるかです。

発想の基点を夫に置いて行動するということは、夫がしてほしいと思っていることをすることです。このことが、夫に添うという〝妻の道〟のポイントになります。

夫とともにある

結婚は夫婦一体となって芸術をするということですから、いつも夫とともに暮らしているのです。

あるご婦人の体験です。ご主人は漁師で船に乗っていて、一度漁に出ると一カ月は帰ってきません。留守の間独りになるのが寂しくて、そのご婦人は教会に解説を受けに来られました。

その解説で「ご主人が留守の間は離婚したのと同じ状態ですか」と聞かれて、「いいえ」と答えました。更に「妻という立場は変わらないですよね」と尋ねられ、「はい」と返事をしました。

「それなら妻の立場を守ったらいいのです。ご主人の体は傍《そば》にいないかもしれませんが、妻である以上、夫とともに暮らしているのです。家庭のことでご主人がすべきことがあっても、今は船に乗っていていてできないのですから、あなたが代わりにしているのだと思って心を通わせてすることです。食事の支度や洗濯をする時も、そう思ってするのです。昔から陰膳といって、旅に出ている人の無事を祈って膳を供えることがありますが、ご主人が留守であっても一緒に食事をするという意味で、陰膳を供えるといいのです」

こう言われてご婦人は、〈ああ、いつも主人と一緒なのだな〉と思うようになり、寂しさが無くなったということです。

このように、いつも夫に心を寄せているということが、夫婦一体の神業《かんわざ》に生きることになるのです。

夫とともに生きるためには

「発想の基点を夫に置く」というと、いつも〈夫がどう思っているだろうか〉とうかがうような気持ちになる人がいますが、それではかえって夫が気味悪く思うでしょう。

夫婦は一体なのですから、必要なことは神様が気付かせてくださいます。気が付くということは神様が教えてくださることなので、それをすぐにするということが大切です。

ところが不思議なことに、気が付くと、すぐにそれをしない方がいい理由が見付かるもので、結局、後から思ったことに引きずられて、気が付いたことをすぐにしないことになるようです。

例えば〈主人はお茶を飲みたいのじゃないかしら〉と気付いても、〈もうすぐ夕飯だから、その時に入れればいいわ〉などと思って見過ごしてしまっていると、だんだんと気が付かないようになります。気が付かないということは〝タイミングが悪い〟ことになります。

気が付いたことは神様の命令だと思って、すぐに取りかかるようにしていると、タイミングの良い生活を送ることができます。

タイミングの良い夫婦

「今から散歩に行こう」と夫が言った時に、妻が「はい」と言ってすぐ散歩に出かける態勢になる夫婦は､気合がピッタリ合っている夫婦で、しんから仲が良い夫婦です。

ある時、仲が良い夫婦が営むお店に昼食に入りました。店にはいっぱいのお客さんがいて、一人が食事を済ませて立ち上がると、次のお客さんがタイミング良く入ってくるという状態でした。〈夫婦仲が良いと、こういうふうに繁盛するのだな〉と感心したものです。

夫婦仲が良いと自分は思っていても、実際にはそうでもない夫婦が結構多いものです。それは、妻の発想の基点が違っていることに起因します。

〝夫のために〟という大義名分があると、自分の考えを〝夫の発想だ〟と思い違いをすることになりがちです。〈あんなことはしない方がいいのに〉と思うのは、妻の真心だと思っている人が多いのですが、それが夫婦の間に隙間風を吹かせることもあるのです。

酒が好きな夫に対して、妻が「そんなに飲んだら体に悪いから、お酒をやめたら」と言ったとします。それを聞いた夫は「そうか、じゃあやめよう」とはまず言わないでしょう。そうすると妻の方は、〈うちの主人は酒好きで困る〉と不足を思います。そして、夫が酒を飲み始めると〈また飲んでいる〉と不足を思うという悪循環になってしまうのです。

この〝夫のために〟という思いが不要なことです。たとえ心配でも、夫が酒好きであれば、好きなだけ気持ち良く飲んでもらえばいいのです。酒が好きと分かっているのですから、夕食の時に酒の一本でもつけてあげるくらいの在り方が〝妻の道〟です。好きなものをやめるのは本人の決意次第で、それを横からああしなさい、こうしなさいと言ってやめさせようとするのは、大げさに聞こえるかもしれませんが、夫の自由を阻害することでもあります。酒を飲むのが本人の体に悪いのであれば、みしらせを頂くでしょうし、妻がとやかく言う前に自分でやめるはずです。

それを、本人がやめようと決意する前にやめさせようとすることは、夫の自由を認めないという間違った行為といえます。「酒は百薬の長」という言葉があるほど、飲み方によっては効果のあるものです。

夫が酒をへべれけになるほど飲むというのは、何か心に溜《た》まっている鬱憤を晴らしたいという思いがあるのか、酒に酔わなくてはならないほどの悩みがあるのか、何らかの理由があってのことで、理由の無いことはしないものです。まして、ほとんどの夫は良識を備えているでしょうから、おかしなことはしていないはずです。

それを妻の考えで、ああしたら困る、こんなことになると困るのではないかと、発想の基点を自分に置いて気をもんでいるのは、夫のためを思っているつもりでしょうが、全て雑念であり、夫婦一体の芸術の妨げ以外の何物でもありません。

少し言葉はきついですが、結婚したからにはどんなことが起ころうとも、〈〝地獄の底〟まで夫と一緒の人生を歩むのだ〉と心を決めて、仲良くしていくことが大切です。

第十一条

子供は神の子と思うて、世のため人のため役立つ人となるように育てます。また子供は親の鏡と悟り、感情の満足に走って情におぼれるような育て方はいたしません。(上)

子供は神の子

子供が生まれると、自分の所有物だと思い、かわいがることが子供を育てることだと思っている人がいます。そういう人は、子供の幸福を願っていろいろと心遣いをしつつ育てていますが、そのもくろみはいずれも外れてしまうことになります。なぜそうなるのかというと、子供を自分の所有物だと思うところに間違いがあるからです。

子供は神様からお預かりした存在であり、親は世のため人のために役立つ人となるように育てなければなりません。子供はこれからの社会の一員として、みんなが幸せに暮らせる社会をつくるための働きをしなければならないのです。そのためには親の子供に対する訓育が大切です。

親がその任務を果たしやすくするために、神様は子供という存在をかわいらしくしているといえます。

人間に育てる

人間は動物として生まれてきますが、動物として育つだけでは人間としての働きはできません。動物は習性によって自分の生き方が決められていて、自由が無い代わりに、成長するにつれて習性に必要な力が備わり、別に苦労することもなく、犬は犬、猫は猫として育ちます。

しかし、人間は自由ですから、育ち方によっていろいろな人間になることができます。子供にＣＤを盗ませて、それを売っていた夫婦が逮捕されるという事件がありましたが、盗みをするように育てられた子供にとっては、〝盗む〟という行為は善いことになるのです。

妹の子供（当時三歳）を我が家で預かった時のことです。その子が寝ている間に妻は買い物に行きました。留守の間に子供が目を覚まし、便意を催したけれど誰もいなかったため、布団の上にしてしまいました。帰宅した妻が大騒ぎしたのですが、その子はそれから何回か同じことをしました。

教会で解説を受け、子供を一人で部屋に残して、世話がじゅうぶんにできなかったことをお詫《わ》びし、「布団は寝るためのものだから、トイレに行ってしましょうね」と話してから、そうしたことが無くなりました。

このように、親や大人が気付かずにさせてしまったことでも、子供の心には、〝一度したことはしてもいいことだ〟と残ります。ですから、親や周りの大人が神様にお詫びをしなければなりません。お詫びをするということは、〝させてしまう以前の状態に戻す〟ということで、お詫びをせずに正しい在り方を教えても、きちんとは伝わらないのです。

このように、子供がしてしまったことについて、正しい在り方を教えるという訓育は、お詫びという道があって初めてできることです。子供を育てる上で一度してしまったことを白紙に戻して、最初からやり直すための道を、〝お詫び〟としておしえおやが創造されたのです。

子供は親の姿を見て育つ

善きにつけあしきにつけ、子供は親のする通りにまねをするものです。一昔前は〝まごと〟をしている子供が、「お父さん、早く起きてご飯を食べないと会社に遅れますよ」と、母親がいつも父親に言っていることをまねているのを見かけたものです。その子は、お母さんの言っていることが当たり前だと思っているので、大きくなってもその通りの言動をすることになります。

したがって、子供を育てる上では、親自身が自分の言動を慎まなければなりません。

ところが、子供を自分の所有物だと思っていると、感情の赴くままに子供を叱ったり、子供の前で人の不足を言ったりすることになります。子供は立派な人格を備えた人間ですから、子供を叱る時は、その前に自身の姿を反省することが必要です。そのための心得として、この第十一条で「子供は神の子と思うて」と教えていただいているのです。

言い換えれば、親は神様の子を預かって、人世のために役立つ人間に育てるという責務を与えられているのです。そのことを思って子供に接する必要があります。ややこしいことを言うようですが、これくらい言わないと、つい自分の所有物だと思ってかわいがり、子供に教えるべきことを教え損なうことになるのです。

子供は自分の子であると同時に、社会の一員でもあります。社会のルールを守ることを身に付けていないと、その子は社会のルールを無視するような大人になります。刑務所に入っている人が刑期を終えて出所しても、六〇％の人が再び罪を犯して刑務所に戻るそうです。これは、社会のルールを守るという人としての基本的素養が欠落していると、社会に適応できなくなってしまうということを物語っているのかもしれません。

人間の社会は、たくさんの人が共同生活をするために、必要な規則や約束を決めて暮らしています。それらは、個人の立場からいえば不自由なものがあったり、理屈に合わないことがあったりするでしょう。

しかし、幼い時に、そうした社会の一員として守るべきことをきちんと教えられずに大人になると、何かの折についルールを無視して、罪を犯してしまうことになるのです。

その点、訓育を間違った時、親や周りの大人がお詫びをしてから改めて正しい訓育をすると、子供は真っ更な気持ちでそれを受け入れられるようになり、過去の汚れが何も残らないありがたいことになるのです。

社会生活で心得るべきこと

社会生活で一番大切なことは仲良くするということです。〈何だそんなことか〉と思われるかもしれませんが、これほど大切なことはありません。ＰＬ処世訓第十四条に「世界平和《せかいへいわ》の為《ため》の一切《いっさい》である」と教えられていますが、仲良くすることは人間の生活の上で最も大切な心得なのです。

幼い子供は、おもちゃでも何でも、自分が手にしたものは自分のものだという感覚で行動するので、おもちゃの取り合いなどでケンカをすることが多いのですが、そんな時に仲良くすることを教えるのが訓育です。「このおもちゃ、すてきだね。僕はこのおもちゃで遊びたいんだね。だけど、あの子もこれで遊びたいんだって。どうしたらいいかな？」と子供に考えさせ、「僕、このおもちゃで遊びたいんだもん」と言ったら、「そう。じゃあ遊び終わったら、あの子に替わってあげようね」と納得させるようにしましょう。

こうした手順を踏まずに、子供から無理矢理おもちゃを取り上げたり、言うことを聞かせようとして怒ったりすると、それは訓育ではなく、感情のままに接していることになります。親が声を荒立てて子供を叱ると、子供は叱られたことは覚えていますが、何で叱られたのかが分からずに、ただ〈怖い〉としか感じないものです。

怖がらせて教育するのは好ましくありません。子供の訓育では、そのことを自発的に行うように、子供を納得させることが大切です。〈子供だから〉といいかげんにせずに、はっきりと言って聞かせることが大切です。

子供には子供の論理がある

あるお母さんの話です。

「子供が熱を出したので、学校を休ませようと思っていると、本人が『行く』と言うのです。『どうして？』と聞くと、『この前休んだ時に、たくさんの宿題をしなければならなかったからいやだ』と。子供の思っていることは親とは違うのですね」と話すのでした。

私は、子供には子供の論理があるのだなと思いました。親は子供によかれと思っていろいろしようとしますが、お互いの思いの違いがとんでもない問題を引き起こすこともあります。次の話はその一例です。

あるご婦人は少女時代にピアノが習いたかったのに、家の経済的な事情でかないませんでした。結婚して女の子を授かり、〈この子にはピアノを習わせて情操豊かな子に育てたい〉と思い、そのようにしました。女の子は次第に上手になり、小学校の上級生になるころには先生も注目するほどに上達しました。

ところが、女の子はやがてレッスンが苦になり、母親に「ピアノをやめたい」と相談するようになりました。しかし母親は、「ここまでできるようになったのだから、もう少し頑張ったら」と言うだけで、本気で話を聞かずにいました。その後、その子は自ら命を絶ってしまったのです。

これほどの大事件には至らなくても、子供が非行に走るとか、問題行動を起こすということの背景には、子供の気持ちをしっかりと受けとめてやらなかったということがあります。子育てに〝待てしばし〟ということはありません。子供が「お母さん」と言ってきた時には、子供の方を向いて、「なあに？」と気持ちを聞くように心掛けてください。

そして、その気持ちを全部聞くことが大切です。何かを伝えたくて話しかけてくるのですから、その気持ちをちゃんと受けとめなければ、話を聞いたことにはならないのです。

ところが、親が子供と話す時には、子供の気持ちを聞くというよりも、自分の気持ちを子供に分からせようとしている場合が多いようです。そこに親子の断絶が生まれるのです。

第十一条

子供は神の子と思うて、世のため人のため役立つ人となるように育てます。

また子供は親の鏡と悟り、感情の満足に走って情におぼれるような育て方はいたしません。（下）

子は親の鏡である

自分が幼児のころにしたことは、大人になると覚えていないのが普通で、はっきりと覚えている人は少ないでしょう。ところが、神様のノートにはそれらがきちんと記されていて、必要に応じて、自分の子供の姿を通して私たちに教えてくださるのです。

ある夫婦の男の子の話です。その子は二歳になったころから、親が食事の支度を始めると、食卓の上に登って、並べてあるしょうゆ差しや茶碗などを引っかき回すようになりました。ガチャガチャと音がするのがおもしろいらしくて、「キャッキャ」と言って喜ぶようになったのです。

若夫婦は〈子供のすることだから〉と、あまり気に留めずにいたのですが、郷里から出てきた祖母が孫のしていることを見て、「おやおや、小さいころのお父さんと同じことをしているわ」と言うのを聞いて、気持ちが変わりました。

〈それまでは子供のいたずらくらいに思って見逃していたけど、これは神様が私たちの小さいころの姿を、子供の姿を通して教えてくださっているのだ〉と思ったそうです。そして夫婦で自宅の神前に行き、自分たちが小さいころにいたずらをして親を困らせていたことをお詫《わ》びし、そのことに気付かせていただいたことに感謝しました。

それ以来、その子は食卓の上を引っかき回すことはしなくなりました。

子供がいろいろなことをするのには全部意味があります。親の小さいころの姿や今の親の心の状態などを、子供の姿を通して神様が教えてくださっているのです。自分のしたことは、良いことも悪いことも全て神様のノートに残っています。お詫びしなければならないことはお詫びし、感謝すべきことは感謝しなければならないのです。

これは少し古いですが、別の親と子の話です。子供を連れてきたお手伝いさんに針仕事をお願いして、奥さんはお手伝いさんの子供の勉強を見ていました。その子は一生懸命に勉強していましたが、ふと勉強の手を止めて、あちこち周りを見回したり、ノートの端に漫画を描いたりするようになりました。

その時、奥さんは二階で針仕事をしているお手伝いさんに向かって、「しっかり仕事をしているの?」と声をかけました。すると二階から、「すみません。居眠りをしていました」という返事が来たそうです。

子供が勉強に集中できずにいたのは、母親の心の鏡だったのです。学校で授業に集中できない子、先生の話をよく聞かずに授業の内容が理解できない子などは、子供に責任があるというよりも親の心にその原因があるといえます。

誠の行いとは

自己表現をする時には、精いっぱいの誠を込めてしなければなりません。しかし、精いっぱいというのは、その時の対象とちょうど良い関わり方をするということで、そのためにはどうすればいいかを、工夫しながら仕事をするのが〝誠する〟ということです。

ところが、私たちの生活では、起こってくる事柄が自分の気に入らなかったり、自分にとって都合が悪かったりすると、その事柄を〈いやだなあ〉〈こんなことなければいいのに〉などと思って、拒否しようとします。それが感情に走る理由です。

親がその時に直面している事柄に対して、楽しく対処していなかったり、面倒だなと思ったり、時には居眠りをしたりしていると、子供にその鏡が映って勉強に身が入らなくなるのです。

ですから、子供を立派に育てるためには、毎日の生活において、誠の心で暮らさなければなりません。そして、誠の心というのは特別なものではなく、普段の生活の中で、目の前に現れてくる物事への対応をどうすればちょうど良い関わり方になるかを、工夫することです。

情に溺れると

子供がかわいいということは、改めて言うまでもありません。しかし、このかわいいという感情を満足させたいという思いから、子供のためにしてやることの中には、子供をだめにすることもあるのです。

例えば、いわゆるドラッグが子供の体をだめにすることだと分かっていても、警察に捕まると子供が罰を受けるからといって、常用していることを隠したり、買うお金を渡したりすることは、子供の成長を損なうばかりでなく、何より事故や犯罪を助長する行為です。しかし、それをする親にとっては、子供がかわいいという思いが満たされるので、自分は子供をかわいがっていると錯覚することになります。

それほどのことでなくても、誰かがケンカをしたという話を聞くと、〈自分の子ではない、自分の子はそんなことはしない〉と思うのも、情に溺れた親の姿です。

子供は何でも自分でしたがります。お出かけの時、新しい靴を出して履かせようとすると、子供は「自分で履く」と言うことが多いものです。「それなら自分でやってごらん」と言って、子供が靴を履くのを見ていると、なかなか靴紐《ひも》を結ぶことができずに手間取ることがあります。

そんな時、多くの親は〈こうすればいいのに〉と横から手を出して靴の紐を結んで見せて、〈こうしたら早く結べるでしょ〉と、子供に教えた気になっていることが多いようです。しかし、実はそうした姿が情に溺れて子育てをしている姿なのです。

子供が何かをしたがる時には、子供にさせてみて、できないところをよく観察して、ポイントを一つだけに絞って、「こうしてごらん」と教えてから、またさせるのです。このように、子供に靴紐を結ばせるのが大切なことで、親が結んで見せることは、子供に〈自分はできない〉という劣等感を植え付けるだけのことです。

何でも親がして見せるという育て方をしていると、〈何でもしてもらえる〉という〝甘えん坊〟を育てることになります。甘えん坊の心の裏側には、〈自分はできない〉という劣等感が隠されていることに、気付かなければなりません。

親は自分が実際にして見せることで、子供にそのしかたなどを教えているつもりになっていますが、子供の心には〝自分にはできないことが親はちゃんとできる〟ということだけが印象に残り、劣等感となって刻まれることになるのです。ですから、子供に何かを教える時には、つまずいているところを一カ所だけ教えて、出来上がりは子供にさせることが大切です。

物事をする喜びは、その物事を成し遂げた時に感じられます。その喜びを「達成感」と言いますが、もう一つ深く探求すると、その物事を成し遂げるためのプロセスの喜びを発見することが大切だ、ということが分かります。

おしえおやは、そのプロセスの喜びを「実行律」という言葉で教えてくださっています。その実行律を味わうのは、〈どうしたらうまくできるか〉という創意工夫にあります。創意工夫というと、何か大変なことのように思いますが、今までしてきたことにちょっと新しいことを加えればいいのです。その新しく加えたことが、プロセスの全てを新しくするのです。

勉強好きな子は珍しい

一般に、勉強好きな子は少ないのではないかと思います。そう考えると、子供に嫌いな勉強をさせる訳ですから、親がそのことを配慮することが子供に勉強癖を付ける上で必要です。

ところが親は、「勉強しなさい」と言えば子供が勉強するのは当たり前だと思って、子供の顔を見ると「宿題は済んだの？」「勉強してから遊びに行きなさい」と、何度も「勉強しなさい」ということを子供に言うようです。

しかし、それでは逆効果です。「勉強しなさい」という言葉は、子供の心には届いていないことを親は知っておかなければなりません。

では、どうすれば子供が勉強するようになるのでしょうか。それはとても難しいことですが、子供に勉強することの大切さを教えておかなければならないのです。勉強というのは、子供が将来社会に出て、社会人として一人前の働きをするために必要なものです。そのことを子供に教えるのが親の務めです。

勉強の意義については、子供を神前に連れていって、「これから大切なことを言いますから、よく聞いてください」ということをまず話して、子供が将来何になりたいかを聞いて、そのことをするためには学校の勉強が大切なのだ、と教えるのがいいと思います。

勉強は本人がやる気になればどんどん進みますが、やる気が無いとさっぱり進まないものです。そうした点からも、本人のやる気を引き出すことが大切なのです。

子育てを通して、親であるあなた自身も成長していきましょう。

第十二条

朝は気持ちよく起きます。

表現は練習すればうまくなる

「人間は表現の態《たい》にて生きる」という原則がありますが、表現は練習することで幾らでもうまくなれるのです。昔は丁稚奉公《でっちぼうこう》という教育制度がありました。今では学校教育によって、人間表現の在り方を教育するようになっていますが、丁稚奉公とは違った教育になっているように思います。

そこで、この〝朝起き〟の項では、幸福への近道になる人間表現の在り方について考えてみましょう。

私は毎朝、体が冷たくなっていて、寒さを感じて目が覚めるという状態でした。もう一度布団に潜り込んで、体を温めてからでないと起き上がることができなかったのです。

そのようなことで、〈朝起きるのがつらい、いやだ〉と思って暮らしている時に、故湯浅竜起先生が「朝起きると風呂上がりのように、体がポカポカしていていい気持ちだ」と言うのを聞いたのです。

私とはだいぶ違うなと思ったので、「どうしたらそのように気持ち良く朝起きることができるのですか」と聞きました。湯浅先生は「寝ている間にエネルギーが補充されるのだから、朝起きた時はエネルギーが充満しているので、風呂上がりのように体がポカポカしているのが普通なのだよ」と言われました。

私が「体が冷たくなって目が覚めるのですが、どうしたらそんなに体が温かくなるのですか」と聞くと、「目が覚めてから意識が戻ってくるまでに、三秒くらい何も思わない時がある。その時に、まず起きようと思って寝床から離れたらいい。そうすれば気持ち良く起きることができる」と、朝起きの裏技を教えてくださったのです。

朝起きるのが苦手だと思っていると、〝朝起き〟と思うだけで気が重くなるのですが、〝床離れを良くする〟、それも〈何が何でも寝床から離れればいいんだ、ということであれば自分でもできそうだ〉と思いました。私は難しいことはいやだけど、自分の体が温かくなって起きられるのなら、やってみようと思いました。

そう決意してから、朝目が覚めると、取りあえず起きようと思って寝床から離れることを実行しました。それまでの私は、目が覚めると〈今何時だろう〉とか、〈雨が降っているな〉とか、何か考えていますので、なかなか寝床から離れることができなかったのです。朝起きは寝床から離れることだという裏技を聞いてからは、朝起きるのが楽になり、体もポカポカするようになりました。

朝起きるということは、朝起きるだけの問題ではなく、生活全体に影響することなのです。

何時に起きても

朝起きが苦手だという人は、朝早く起きるのが苦手というよりも、朝起きて布団から出るのが苦手なのであって、それは十時であろうと十一時であろうと、何時に起きても同じです。目が覚めて寝床の中でいろいろ考え、起き上がるまでに数分かかるのです。それだけでなく、温かい布団から出るのがとてもつらかったりするのです。そのつらさを乗り越えて起き上がるのが、また一苦労だったりするのです。

ところが、目が覚めたらすぐに寝床から離れるというのは、簡単なことなのです。寝床の中で〈今朝の温度は何度だろう〉とか〈天気は晴れなのか〉とか、いろいろなことを考えずに、目が覚めたら〈起きよう〉と思って寝床から離れればいいのです。

そうすると、今まで朝起きが苦手だと言っていたのが、嘘《うそ》みたいに楽になり、朝起きた時の体の具合もそれまでとは違って温かく、頭もすっきりとして、すぐにでも仕事のできる状態になるのです。

朝起きは一日の出発点

朝起きは一日の出発点です。その出発点がうまくできる人は、その日一日を楽しく暮らせますが、朝起きの苦手な人は、その日一日を楽しくない気持ちで暮らさざるを得ないことになるでしょう。

その一番の影響は、何かをしようとする時に、ああでもない、こうでもない、といろいろと考えて、なかなか最初の一歩を踏み出せないことに表れます。どんなに立派な考えを持っていても、そのことを実行するのに時間がかかると、「六日の菖蒲《あやめ》、十日の菊」（必要な時に間に合わず、役に立たないこと）になります。

人間は気が付いたことをして暮らしています。この気が付くという精神活動は、人間にとってとても大切なことで、気が付かないようになれば、精神に異常を来しているかもしれず、病院で診察を受ける必要があるかもしれません。

気が付くということはそれほど大事なことですが、何かをしている時にふと気が付いたことを、いいかげんにして過ごしてしまっていることが多いものです。

私自身のことでいえば、部署で仕事をしている時に、ふと〈今日はこれで帰ろう〉と思い、早めに切り上げて家に帰りました。すると、玄関を入った途端に電話が鳴ったので、受話器を取ると、その電話は京都にいる従兄弟《いとこ》からのもので、入院していた彼の姉が他界したことを知らせる内容でした。その時〈家に電話がかかってくるぞ〉と思ったのではなく、何となく〈家に帰ろう〉と思ったのでした。

このように、気が付くということは、〈事故があるぞ〉とか〈用事の電話があるぞ〉というように、そのことそのものを教えてくれるのではなく、何でもないことにふと気付くのです。ふと気が付いたことをしなくても一向に構わないのですが、それをすぐするように心掛けて暮らしていると、とてもありがたいことに巡り合うことになるのです。

踏ん切りをつける訓練に

昔、教団に「朝起きができない人間に何ができるか」という言葉がありました。これは多分に、朝詣に人を誘う時の決まり文句のように使われる傾向がありましたが、その真意は〝朝起きの練習をすれば何かをする時の踏ん切りが良くなる〟ということにあったのです。

時代の変化とともに生活時間も変化して、朝詣をする教会も少なくなりましたが、朝詣は私たちの生活にリズムを生み出すとても大切な行事だったのです。

ですから、教会の朝詣でなくても、家で朝詣をすることは一日のリズムを生み出す有効な方法です。どんなに朝早く会社に行かなくてはならない人でも、十五分早く寝床から離れれば、ＰＬ遂断詞《しきりのことば》を奏上して、頂いている〝みおしえ〟をお誓いする朝詣の時間は取れます。ぜひ実行してください。

そうして朝詣をすると、一日の生活にリズムができ、自分のすることの喜び（実行律）を感じることができるようになります。〈朝詣をする〉と決意することは、あっという間に過ぎてしまう〝朝〟という時間に、リズムを付け、喜びを増すことになるのです。

人間の喜びは心のリズムが生み出すものです。だらだらと過ごしていた朝の時間に心のリズムができると、いろいろなことに心が留まり、それだけ喜びが増えます。

ところが、心のリズムが無い時には、習慣のままに生活していますので、だらだらと時間が過ぎてしまうのです。人は目の前の一つ一つのことに心を留めて、そこに自分の誠を現すことで生きているのですから、それをいいかげんに過ごすというのは、生きていない（喜びが無い）ことになります。そういう生活から、いつも喜びのある、充実した生活に変えるためには、〈朝詣をしよう〉と決意することが幸福への近道になるのです。

教えを実行する秘けつ

〝ＰＬの教えは実行の教えである〟と聞いても、すぐ実行することはとても難しいことです。それは、私たちの生活は習慣で全てが行えるようになっているからです。「習慣と違うことをせよ」と教えられても、それを実行するには、習慣そのものを変えなければならないので、生半可なことでは実行できません。

ですから、〈結果がどうなろうとともかくやってみよう〉と、本気で決意しなければ実行できないのです。そこで、本気で教えを実行するための秘けつをお教えしましょう。

私は以前、強情ということの解説を受け、「素直な人は、素直になればいいと言われたら、ああそうですかと聞く。そう聞けんのがお前の強情だ」と教えられたことがあります。

その時、私は〈滝に打たれるつもりで、人の言うことを〝ああそうですか〟と聞けばいいんだな〉と決意し、それを心掛け、人の話をそのまま聞くことができるようになりました。本気で決意するということは、それまでの習慣や心癖などを改善していくことにつながるのです。

しかし、本気で決意しても実行できない時は、教会で解説を受けてください。解説にはおしえおやの遂断がこもっていますから、その通りにしようと決意すれば、きっと実行することができます。

第十三条

食べ物の不足思うたり、好ききらい、よりごのみ、食べ過ぎ飲み過ぎ、むらぐいとなることはいたしません。

生きるためのエネルギー補給

人は生きるために、毎日エネルギーを補給しなければなりませんが、そのエネルギーは、通常は物を食べることを通して補給しています。ところが食事をする時に、〈エネルギーを補給している〉と自覚している人は少ないのではないかと思います。

自動車がガス欠になると、慌ててガソリンを入れますが、私たちの体も同様に、活動の源となるエネルギーを常に補給するという意識を持つことが大切です。そのための上手な食事のしかたを示しているのが、この『PL信仰生活心得第十三条』です。

では、上手な食事のしかたとはどのようなものでしょうか。

何でも喜んで、満遍無く食べるのが上手な食べ方ですが、「上手な食べ方をしなさい」と親から教えられた人はいないでしょう。「早く食べなさい」とか「こぼさないようにしなさい」と口やかましく言われたことはあっても、「上手な食べ方をしなさい」「何でも喜んで食べなさい」などと教えられた人は、あまりいないのではないかと思います。

最近になって、栄養学という観点から「野菜を食べなさい」「この栄養素をとりなさい」などと言われるようになりましたが、それも健康食品や薬品の宣伝のために言われていることが多かったり、上手な食べ方とはあまり関係がありません。

上手な食べ方を身に付けるには、この箇条に示されている〝下手な食べ方〟を検討して、そうならないようにする他に道は無いようです。

好き嫌いという感情

食べ物の食べ方について子供が一番注意されるのは、食べ物の好き嫌いをしない、ということでしょう。食べ物の好き嫌いというものは、それほど注意しなければならないことだといえます。

好き嫌いは個人の好みの問題ですから、それ自体が悪いということはありません。しかし、好きな物があるとそれを食べすぎる傾向に陥り、そのために胃を悪くすることもあるでしょう。また嫌いな物があると、その食べ物を食べたくないということから、栄養が偏ったり、人との付き合いを狭くしてしまい、自分の人生を味気無くしてしまうことにもなりかねません。

この好き嫌いというものは、離乳期に身に付くことが多いので、気を付ける必要があります。離乳期の子供は、親が食べさせる物はどんな物でも食べますから、離乳期に何でも食べさせるように親が気を付けなければなりません。

また、食べ物を化粧品の付いた手で扱うと、その臭いが食品に付いて、子供が不快に感じて食べないことがありますので、そうした不注意にも気を付けることが大切です。

好き嫌いの特異な例としては、経済的な理由でバナナを子供に食べさせなかったことから、その子は大きくなってからも、バナナを食べないようになってしまったという事例があります。また逆に、バナナを食べない人に、バナナを小さく切って他の物に混ぜるなどの工夫をしたところ、食べられるようになったという例もあります。

人間の体には多種多様の栄養が必要です。そうした必要な栄養をとるためには、満遍無く物を食べることが重要です。ところが、好きな物があると、ついそれを取りすぎてしまって、他の物を食べないことになり、偏った栄養だけが体に取り入れられることになります。

甘い物が大好きで胃潰瘍を患った人がいました。本人に「食べ物の好き嫌いはありませんか」と聞くと、「出された物は何でも食べますから、好き嫌いをしたことはありません」との答えでした。そこで「好きな物はありませんか」と聞くと、「これと言って好きな物はありませんが、まあほどほどに食べます」とおっしゃるのでした。

ところが家族の方にお聞きすると、「うちのお父さんは大変甘い物が好きで、ご飯にも砂糖をかけて食べるのです」ということでした。この方にとっては、ご飯に砂糖をかけて食べるのは大したことではないのでしょうが、他の人が見ると、それは異常なことのように映ります。好きな物があるということは、これほど人間の感覚をゆがめてしまうのです。

次に、嫌いということについてのお話です。〈嫌いな物は皿の横の方によけて食べないのだから、そんなに悪いことにはならないだろう〉という人がいます。しかしそれは、自分勝手な理屈であって、嫌いという感情は大変な影響を私たちの生活に与えているのです。

食べ物が嫌いということだけであれば、それほど問題ではないと思いがちですが、何かの食べ物が私たちの目の前に現れた時、好き嫌いによって食べ物を判断する習慣を持っていると、それは他のことにも出てきます。食べ物以外の自分の前に現れる事柄についても、まずは〈好きだ〉〈嫌いだ〉と思ってから判断することになります。

嫌いという感情は、多くの人が自分は持たずに暮らしていると思っていますが、普段の生活の中で、自分がしたことがないとかいやな思いをしたことがある、という事柄に対しては、まずは〈嫌い〉と思い、それを避けて暮らしているようです。嫌いという感情があると、せっかくの儲《もう》け話を逃したり、とんでもない詐欺にかかって大損をするとか、何かと問題の多い生活をしなければならなくなります。そうしたことを考えると、いやなこともいやがらずに対応することが大切です。

好き嫌いという感情は自分の努力で改善できるものですから、好きすぎる、嫌いすぎるということは、気が付いた時に気を付けるようにしてください。

食べ物に対する不足とは

好き嫌いという感情と少し違う感情に、不足というものがあります。

視覚からくる不足（大きい、小さい、厚い、薄いなど）の他、硬い、軟らかい、熱い、冷たい、塩辛い、甘すぎるなどの不足があります。また、視覚からくる不足には、例えばニンジンの煮付けで、〈菜っ葉などと一緒に煮たので変な色をしている〉と、見た途端に〈いや〉と思うものなどがあります。ほんのちょっとした思いですが、その思いが、食べ物を食べる時の楽しさを台無しにしてしまうのです。

食べ物の味を味わって食べるのが上手な食べ方ですが、味付けや食べ物の色などによって不足の思いを持つと、味を味わうという喜びが打ち消されてしまいます。

食べ物の不足は、食べ物の好き嫌いという食べ物自体に関係する癖ではありませんが、食事のたびに不足を思うということは、胃に関する病気の原因になることがあります。

胃に負担をかけない

好きな物や食べやすい物は、つい食べすぎることになりがちですが、この食べすぎということには、量を多く食べることだけでなく、間断無く食べるということもあります。

胃に食べ物が入っている間は、胃はそれを消化しようとして一生懸命働いていいます。それがたとえピーナツ一粒でも、胃はそれを消化するために働くのです。間食する人は、〈これぐらいの量は大したことはないだろう〉と思って間食するのでしょうが、それが胃に大変な負担をかけることになります。

好きな物がある人は、時と所を構わずに、好きな物を食べてしまいますが、それが胃に負担をかけることになるのです。

また、人間が物を食べるという喜びは、その物の味を味わうことにあります。しかし好き嫌いをしたり、不足を思って食べていたりすると、肝心な味を味わうということを忘れてしまいます。

物を食べる時には、「百回噛《か》んで食べるように」と教えられますが、百回噛んでみると、ほんとうにどんな食べ物もおいしく頂くことができます。皆さんも試してみてください。

感謝の心で頂く

食べ物に関するＰＬの教えは、私たちの命に関係することですから、もっと説明しなければならないと思います。しかし紙幅に制限があり、全てを書き尽くすことは無理ですので、芸術生活社から出版されている『ＰＬ信仰生活心得解説』をお読みいただきたいと思います。

食べることが上手になると、毎日の生活に豊かさが生まれ、命をささげてくれる食材はもとより、料理を作ってくれる人への感謝、食物を生産する人への感謝、海や山で食物を取ってきてくれる人への感謝などが心の底から湧いてきます。そして、たくさんの人の努力を頂いて、私たちの生活があるのだという幸福感を深めることができます。

第十四条

怠け心はだしません。
また仕事しながら、不足思うたり
人のことを気にかけて不足思うたりいたしません。

怠け心とは

楽をしたい、楽をして儲《もう》けたいという思いは誰もが持っていると思いますが、果たしてそう思うことが楽しい生活につながるでしょうか。

大抵の場合、楽しいこととして思い浮かぶのは自分の好きなことでしょう。好きなことというのは、自分が何度もやってみて、おもしろいと感じたことであり、あまりやったことがないことは好きなことの中には入らないものです。自分が努力しておもしろさを発見したからこそ、そこに魅力を感じて心ひかれるのであって、そうした努力をしていないことはおもしろくも何ともないものです。

私が青年教師時代に経験したことですが、毎日レンガ積みをさせられたことがあります。そのレンガ積みは本庁の炊事場を建てるための工事でした。レンガ積みを毎日やっている間におもしろくなって、夢中でレンガを積みました。その経験を元に私が身に付けたのは、〝どんなことでも本気でやればおもしろい〟ということでした。

それによって私の怠け心が無くなったのかというと、そうではありません。どんなことにもおもしろさがあることは分かりましたが、〈なるべく仕事を増やさないようにしたい〉という思いから抜け出すことはできませんでした。というのは、仕事には

〝その時に気が付いたことをする〟〝その時に必要なことをする〟の二つがありますが、その二つのことを適宜こなしていくのが人として生きるということであり、人生において仕事が減ることはないのです。

怠け心があると

私が西兵庫ブロックの姫路教会と相生教会を兼務していた時のことです。教師会議が終わった後に「今月の心得をお願いします」と上司に解説を受けると、「君は怠けないようにせよ」と言われました。その時は〈怠けないようにすればいいのだな〉と、軽く聞いて教会に帰りました。

ところがその翌月も、「君は怠けなければいいのだがなあ」と言われ、更に次の月も「怠けないようにせよ」と言われるのです。三度も同じことを言われるとさすがに腹に据えかねて、「怠けるとはどういうことですか」と聞き返しました。

すると、「気が付いたことをすぐしないのが怠けだ」と言われ、更に言葉を続けて「怠けにはもう一つある。仕事には優先順位が決まっていて、それに従って仕事をするのが働きであって、それを無視して、自分の好きなことから先にするのも怠けなのだ」

と言われるのでした。

そう指摘されると、もう言い返す言葉もありません。「怠けないようにするにはどうすればいいのですか」と尋ねると、「気が付いたことをすぐしなさい」と教えられ、〈よし、これからは気が付いたことをすぐしよう〉と決意したのです。

一日の生活の中では、実にいろいろな思いが頭をよぎります。気付いたことをすぐしていると忙しくて、もう何をしているか分からないような状態になりましたが、ずっと心掛けているうちに、次第にあれこれ思うことも少なくなって、ある時道を歩いていると、〈あっ、こんな所に梅の花が咲いている。何度も歩いた道だけど気が付かなかったなあ〉と、今までに無い感動を受けたのです。〈あれっ？〉と思って考えてみると、そこには、今していることのみに心を向けて取り組んでいる自分がいました。

ＰＬの教えというのは、自然な人間の姿を教えるものです。私はこの経験を通して、〈一つのことをきちんとやれるようになると、他のこともちゃんとやれるようになるのだな〉と感じました。

これとは逆に、怠け心があると、自分の誠の心を発揮するのを邪魔《じゃま》することになるのです。

人が生きるということ

人が生きるためには、目の前に現れる物事と関わりを持たなければなりません。その現れる神業《かんわざ》は、こちらの都合とは関係無く勝手に現れてくるので、自分にとって都合の良いことばかりではありません。また、自分の得意・不得意に関係無く突然現れるので、とても厄介なものです。そういう厄介な神業を対象にして生きなければならないのですから、うっかりすると自分の都合にとらわれて、感情に走ることになりかねません。

いつどんなことが起こっても、そのことにちゃんと向き合って自己表現することが大切です。自分の周りの人がすることを見て、〈こうすればいいのに〉〈こうしなければいけないのに〉などと思って仕事をしていると、自分が楽しくないだけでなく、せっかくしていることが上手にできないことになります。

初代教祖は、

わが心誠一つにかないなば人のする業見る暇もなし

という道歌を詠まれて、〝人のしていることが見えているのは、あなたが自分の仕事に誠していないからだ。もっと誠を込めなさい〟と教えてくださっています。

人が生きるということは、自分の前に現れたこととちょうど良い関わりを持つことにあるのですから、他人のすることは関係ありません。ですから、〈どうしてこの神業が自分の前に現れたのか〉と考えたり、〈人の仕事が自分の方に回ってきた〉とか、〈あの人があんなことをするから、その後片付けをしなければならない〉などと、他の人のすることまで気にして暮らしていると、それだけ気を使うことが増えて大変です。

人のことはどうでもいいのです。今自分がしなければならないことは何かを考えて、そのことを上手にこなすことを考えればいいのです。

不足の多い人は、自分のすることだけでなく、人のことまであれこれ考えますが、そうして要らないことに気を使っていると、自分のすることがおろそかになり、怪我《けが》をしたり、つまらないミスをしたりすることになります。

何かをしている時に、人のことが気になって、〈あんなことをしている〉とか〈あれはこうすればいいのに〉とか、人のしていることが目に付いたら〈あっ、要らないことを考えているんだな〉と思って、自分が今していることに気持ちを向けてください。そうやって、自分の心を自分のしていることに引き戻す作業を繰り返すことが大切です。

人のことをあれこれ考えるのも癖ですから、一回で直すことは無理です。ですから、そういう癖が出ていることに気が付いたら、そのときどきに自分の心を修正する必要があります。

ところで、目の前に現れた神業とちょうど良い関わりを持つためには、その神業の中身をよく検討して対処しなければならないものもあります。

例えば、縁談などのように、どんなにいい条件であっても、その人とずっと一緒に過ごすことになるようなものは、自分のことだけでなく、周囲の人のこともよく考えて決断を下す必要があります。それを〈気が付いたことをすぐにするのは良いことだ〉と思って、検討すべきことをじゅうぶんに検討せずに結婚して、〈後からこうすればよかった〉と悔やんでも遅いことになります。

その時に現れた神業と、〈ちょうど良い関わりを持つには何が大切か〉ということを常に心に置いて暮らしてください。

仕事がたくさんあると

仕事のできる人のところには仕事が集まってきます。仕事が増えるとそれを面倒がったり、いやがったりしがちですが、そういう思いも怠け心になります。〈こんなに仕事が多いと休む暇も無い〉とか、〈もうちょっと仕事が少ないといいのに〉とか、少し怠けたいという気持ちになると、みしらせが現れます。

その時のみおしえで教えられることは、〝仕事が多くてちょっと休みたいという気持ちになると、仕事をする喜びを感じなくなる。だから仕事をする時には、その目的とか、それをすることによって、どういう効果が現れるかを考えて喜んで仕事をしなさい〟というようなことです。みおしえで〝怠けるな〟と教えられる中には、たくさんの仕事を抱えている人に、もっと楽しく仕事をしなさいということもあるのです。

したがって、みおしえは善悪観で理解すると、大変な間違いをすることになります。みおしえは善悪ではありません。上手下手の問題です。〝仕事をするのに、仕事以外のことに気を取られて仕事に身が入らないと、せっかくする仕事が下手な仕事になるから気を付けなさい〟と教えられているのです。

他の宗教では一定の基準で人間の行動を判断していますが、ＰＬでは、人間は自由であるという視点に立って自由な人間表現の在り方を説いていますので、人間の行動をその時の真実表現が上手にできているか否かで理解します。「真実を表すにはこうした方が楽しいですよ。あなたはこういう癖のために真実表現をし損なっていますよ」と教えているのがみおしえなのです。

どんな時も、真実表現が上手にできるお互いでありたいものです。

第十五条

何事にも度を過ごさぬようにいたします。

好きなことに熱中しすぎると

学生時代にマージャンについ熱中して、徹夜してしまうことがありましたが、その時の自分を振り返ってみると、マージャンのおもしろさにとらわれて、次の日のことなど考えていませんでした。翌日は頭がボーっとして、勉強をするどころか、何をしているのか分からない状態でした。

このように、一つのことに即《つ》きすぎると、その結果はいろいろな所に影響を及ぼしますが、その影響もいい方に働くのではなく、だいたい悪い方に働きます。

人間は表現の態《たい》にて生きるのですから、その時の表現に全力を尽くさなければなりません。全力といってもねじり鉢巻きをしてという意味ではなく、卵を割る時の力加減のように、ちょうど良い力加減となるように、全力を働かせるということです。このちょうど良い力加減というのは、その時の対象によって全部違いますから、少しも油断はできないのです。

例えば子供に話しかけるのに、大きな声を出すと子供が驚いて泣きだすかもしれませんし、また耳の遠い人であれば、普通に話していたのでは相手に伝わらないでしょう。このように、声を出すということでも、対象に対してちょうど良い表現をしなければならないのです。

全力を使って（自分に与えられている能力の全部を使って）常にちょうど良い表現をしていく、そうした表現を探求するところに、人が生きるという意味があります。

私も「人間はいつも全力投球でなくてはいけない」と教えられていましたが、〈対象に対してちょうど良い表現をするのが、生きるということなのだ〉ということを長い間分からずにいました。なぜ分からなかったのかと考えてみると、〈心境ができれば教えは自然に実行できるものだ〉と思っていたからで、〈卵を割る時の力加減に、〃人が生きる〃ということの全てがあるのだ〉とは思ってもみなかったのです。

確かに、殻の硬い卵もあれば、軟らかい卵もあります。その硬さに応じて自分の力加減を調節しなければ、うまく割ることはできません。器の淵《ふち》に軽く卵を当てて、それで割れなければもう少し強く当ててみるというようにして、私たちは殻の硬さを確かめながら卵を割ります。

また、その時に他のことを考えていると、うまく卵を割ることはできません。〈うちの夫はごみ出しを手伝ってくれない〉〈子供はちゃんと勉強しているだろうか〉など、ちょっとでも他のことに気持ちが向いていると、指先の微妙な感覚を感じ取れずに力を入れすぎたりして、ちょうど良い表現にはなりません。

したがって、自分の持っている感覚（力）を全て卵を割ることに集中しなければ、うまくできないのが人間なのです。

人間の感覚はとても鋭敏で、ちょっとしたことも感じることができます。神から与えられているそうした力をじゅうぶんに働かして暮らすことが、人間が生きているということであり、その力が働かないところを神様は〝みしらせ〟として教えてくださるのです。

マージャンで徹夜することについては、改めて言うまでもありませんが、仕事で徹夜するのは誰も悪いこととは思っていないでしょう。しかし神様の目から見ると、仕事であろうがマージャンであろうが、度を過ごしていることになり、その部分については風邪を引くなどの〝みしらせ〟を現してくださいます。それを思うと、徹夜ということは理由のいかんに関わらず、人間表現としては下手な表現（度を過ごした表現）ということになるのです。

気が付いたことをすぐにする

徹夜のどこが下手な表現なのかを考えてみましょう。徹夜する時の自分の心の状態を振り返ると、〝仕事に熱中していて気が付いたら朝になっていた〟という時と、〝途中でちょっと疲れたのでもう休もうかと思ったけれど、もう少しやれば決まりがつくからと頑張って朝まで仕事をした〟時とがあることに気が付きました。

仕事に熱中して朝まで仕事をした、というのであればあまり問題にはなりませんが、途中でちょっと疲れたなと感じたのを押して朝まで仕事をした、ということになると、下手な表現になります。朝まで仕事をしなければならない理由があったとしても、その大半が気が付いた時にしていれば片付いていたはずです。

気が付いたことをすぐにしていれば、締め切りに追われることにはならないものです。気が付いたことをすぐせずに後でと思ったり、まだ締め切りまで日があるからと思い、手を付けなかったことが、徹夜しなければ間に合わない状況をつくりだしているのです。

ですから、疲れたと思った時には、ちょっと休むのが、上手な体の働かせ方といえます。

度を過ごすということは

徹夜が体の度を過ごすことはすぐに分かりますが、暑さ寒さを堪えるということも度を過ごすことになります。冬の寒い時に暖房の利いた部屋から外に出ると、外気の冷たさに触れて〈あっ、寒い〉と思います。思った時にすぐコートを着るとか襟巻きをするとか、何らかの寒さを防ぐ手段を取らなければなりません。

ところが、寒いと感じたことを無視して寒いままでいると、体が冷えすぎて〝寒さ〟の度を過ごすことになります。また、暑いと感じることも、体温の上昇を抑えて適当な温度に保つために必要な感覚なので、あまり暑い状態のままでいることは体に支障を来すことになります。

暑い、寒いという感覚は人間の生命を守るための防御本能です。それらの感覚を我慢しすぎると、熱中症や風邪という病気にかかり、神様が注意してくださいます。それでも度を過ごすことを繰り返していると、だんだんと病気がひどくなり、ついには死に至ることもあり、そうした警告を自覚せずに暮らしていると後で悔やむことになります。

飲みすぎ、食べすぎも

度を過ごすということには、飲みすぎ、食べすぎという自分の好みに即《つ》きすぎていることも入ります。

好きな物を食べすぎることについては、ほとんどの人が下手な食べ方だとは思っていませんが、この食べすぎることほど、下手な食べ方はありません。というのは、好きな物を食べているといっても、食べすぎた時には物の味が分からず、習慣で食べているだけで、自分の好きな物を食べているという喜びは失っているからです。好きな物を食べすぎると、おなかが痛くなったり気分が悪くなったりするのは、〈下手な食べ方になっているぞ〉という神様からの警告です。

食べ物の好き嫌いということについては、嫌いの方に力点を置いて説かれるのが普通ですが、好きな物を食べすぎるということも要注意です。

人間は良いことをしたいと思って暮らしています。好きな物を食べる行為は良いことに入っていますので、抑制する働きが無いまま食べてしまって食べすぎるのです。人間の感覚は不思議なもので、いけないと思うことをする時には、〈これでいいのかな〉という抑制が働きます。しかし、わがままな気持ちから、〈これぐらいのことは大したことにはならないだろう〉と勝手に判断して、その抑制の気持ちを持たないためにに食べすぎて、病気などにかかってしまうのです。

この箇条で「何事にも度を過ごさぬようにいたします」と教えられているのは、〝良いことをする時にも注意せよ〟ということも教えられているのです。

神に依《よ》って生かされている

「世《よ》の中《なか》にあらはれたる一切《いっさい》のものは皆《みな》ひとをいかす為《ため》にうまれたるものと知《し》れ」という人訓を、初代教祖が授かられてこの教えが立教されましたが、この「ひとをいかす為にうまれたるもの」という言葉はとても大切なことを教えています。

先に挙げた暑さ寒さの感覚はもちろん、ちょっとした、腹いっぱいだという感覚、疲れた、眠いという感覚を粗末にしていると、それが積もり積もって取り返しのつかない大病になります。

そうした感覚は神様が教えてくださっているのです。この神様からの指針をしっかりと受けとめて、自分の表現をそれに合わせていくと、ちょうど良い表現ができます。それを工夫して暮らすところに人間としての生きる喜びがあるのです。

おしえおやは人間としての表現の喜びを「実行律」と命名され、この実行律を味わうところに生きる喜びがあるのだと教示してくださっています。この内から湧き上がってくる喜びを感じる前に、味覚、物欲、快感などの外からの刺激による喜びを求めてあくせくして、〝度を過ごしている〟のが、悩み多き現代人の姿です。

その時その時に感じることをいいかげんにしないで、ちょうど良い表現をするように心掛けてください。

人間は二つのことを一緒にすることはできません。そのことをおしえおやは、「一時一事《いちじいちじ》」という言葉で教えてくださっています。これは表現と思いが一致するのが人間の理想的な在り方である、ということで、「思い度を過ごす」という言葉で教えられることもあります。一つの時には一つの事しかできないのですから、今している事に心を込めていくようにしてください。そのようにして、一時一事の心で暮らすととても楽しく暮らせるのです。そして、表現を伴わない思いを持って暮らすことがどんなに疲れるものかを体験することができます。要らない荷物を持たずに歩くと楽なように、表現しない思いを持ちながら暮らすということで、いかに無駄なエネルギーを使っているかを分からせてもらえるのです。

第十六条

自慢の心や偉そうにしたがる心だしません。

自分が一番大切

多くの人の場合、自分にとって一番大切なのは自分自身でしょう。その一番大切な自分を、より立派にしていくために心掛けるべきことは何でしょうか。

立派になるために邪魔《じゃま》になる心は、自分自身を価値付ける心です。それは、人と比べて自分の方に何らかの価値がある、という思いです。〈人より知識や経験がある〉〈自分の方がうまくできる〉〈自分は名門の学校を出ている〉など、人と比べて優位に立てることはいっぱいあるでしょう。もし、そういうものが無くても〈体力では負けない〉とか〈走ることではあいつには負けない〉などと、何か人より優れているというものを見付けて、偉そうにしたがるのが人間です。

人より優れていると思う根拠になるものは、既に自分が経験したこと（過去のこと）であり、そうした過去のことを思っても、一つも自分の得にはなりません。それだけでなく、偉そうにしたがる思いを持っていると、自分の進歩を妨げることになります。

また、人より物事を知っているという思いを持っていると、感激することが少なくなります。例えば、道を歩いていて道端の花を見付けても、〈白い花だな〉と視覚に映ったことしか感じないでしょう。ところが、何も知らないという謙虚な気持ちで歩いていると、道端の花を見付けた時に、〈あれ、こんなところに花が咲いている。何の花かな〉と、その花に対して関心を持ち、発見の喜びに浸ることができます。

それは〝あれ、こんなところに花が〟という新鮮な驚きであり、人生の喜びです。自分の人生を有意義な実り多いものにするためには、〝自分は何も知らない〟という心構えで暮らす方が楽しいのです。

自分の評価は人が決める

自分のことをどんなに自慢しても、自分の価値を高めることにはなりません。人から馬鹿にされないようにと思って、「自分にはこれこれの経験がある」と言っても、周りの人がその話を聞いて、自分への評価を変えることはありません。その話と現在の姿とを見比べられて、〈それにしては、ぱっとしないなあ〉と思われるのが落ちでしょう。

自分の価値は自分で評価すべきものではなく、人が評価するものです。自分の評価を高めたいと思って、自慢したり偉そうにしたりするのでしょうが、そうしたことは逆に自分の評価を下げることになるのです。

人には、神様から与えられたその人独自の価値があります。鉄には鉄の、金《きん》には金の価値があるように、鉄が金のまねをしようとしてもうまくいきませんし、またそうしようとすることは、神様から与えられた価値を不足に思い、神様に反抗している姿ですから、幸せになることはできません。自分の幸せは自分の目の前に現れる神業《かんわざ》に真正面から取り組み、そこに自分の持っている力を精いっぱい表現することにあります。

松下電器産業株式会社（現パナソニック株式会社）の創始者の松下幸之助氏も、最初から成功者の道を歩んでいたのではありません。初めは自分が手がけた、電球のソケットを作るという仕事を一生懸命やっているうちに、〈懐中電灯があれば便利だな〉と気付いて、それを作ったことが松下電器の発展の始まりでした。うまい話があって成功したという人はいません。成功した人は皆、自分の目の前に現れたことに本気で取り組んで努力して成功しているのです。

偉そうな思いをすると失敗する

人間の表現は、自分の持っている人間力を精いっぱい使わないとうまくできないようになっています。

私はゴルフで、たまたまいいショットをしていいスコアを出しても、次のホールはショットがメロメロになって大叩《おおたた》きをした経験があります。これなどは、たまたまいいショットをしたことを自分の実力だと勘違いして、次のホールで力んでしまったことによる失敗です。こうした失敗は目に見えて分かりますが、偉そうな思いを持って何かにとらわれている場合は、うっかりして人に無礼なことをしてしまうこともあります。

自動ドアなどどちらかが譲らないと通れない所で、こちらが考え事をしながら歩いている時、ドアの向こうの人がさっと体をよけて通してくれることがあります。物思いにとらわれ挨拶もしないますます擦れ違ってしまい、「しまった」と思った時には既に相手は遠くの方へ、というのはよくある話です。

親切をしてくれた人に「お先に」とか「ありがとうございます」とか、何らかの挨拶をするのが礼儀ですが、何もせずに平気でいるのはまことに偉そうなことで、恥ずかしい思いをしました。「うっかりしました」と言い訳をしても、人に対して無礼な在り方をしたという〝下手な表現〟は、消すことはできないのです。

人間の表現はいつも、対象とちょうど良い表現でなければうまくいきません。それには、ちょうど良い力加減ですることが大切ですが、そのためには神に依《よ》らざるを得ないのです。なぜかというと、対象とちょうど良い力加減で物事をするには、対象がどういう具合にあるかを把握して、どのくらいの力加減がいいかを手探りで探さなければならないからです。ところが、私たちの生活はあまり変化が無いので、ほとんど習慣で済ませています。それではちょうど良い力加減とはなりません。楽しさを感じることも無いのです。

人間は、自分の持っている能力を精いっぱい働かせている時に喜びを感じます。数学の難しい問題を何日もかかってやっと解法にたどり着いた時の喜びは、何物にも代え難いものです。この喜びは短歌を作る時にもありますし、また生活の中で、気に掛かっていたことが解決した時にも感じるでしょう。

毎日の生活の中で、一つ一つのことにちょうど良い力加減で対応できたすがすがしさは、自分が持っている力を発揮した時に感じる喜びと同じものになるのです。そして、自分の持っている力をじゅうぶんに発揮するためには、毎朝神様に〈今日一日、対象に合わせてちょうど良い表現をさせていただけますよう〉と祈って暮らすことが大切です。

神に依るということは

私たちは神霊を家に祀《まつ》り、神様を日夜拝んで暮らしていますが、どういう気持ちで拝んで暮らしているのでしょう。「ひとのみち教団」の時代は「一にも実行、二にも実行、実行なくして何の教えぞ」という標語がありました。そうした標語の影響かどうかは分かりませんが、私は〈教えは実行すればいいのだ〉という、安易な感覚で教えを聞いていたように思います。

ある時、上司から「君は一日に何回、神様を拝んでいるか」と聞かれました。私は朝晩の二回と、日中は二回くらい拝んでいるかなあと数えて、「四、五回ですかね」と答えると、「そんなことではだめだ、わしは一日に百回くらい拝む」と叱られました。何でそんなに神様を拝むのかを尋ねると、「わしは神様を拝まざるを得ないから拝むのだ」と言われました。

その言葉を聞き〈〝神様を拝まざるを得ない心境〟とはどんなものだろう〉と思って、「どうしたらそういう心境が分かるのですか」と聞くと、「神様を拝もうと思ったその時に、礼拝の形をきちんと取って神様を拝んだら良い」と言われたので、それからは神前に行って、きちんと形を取って神様を拝むようにしました。

そうすると、日象《にっしょう》の式を取った時に、心の中のいろいろな思いが無くなり、すっきりとした気持ちになれたのです。そこで、礼拝の形についての説明を見ると、日象の式については「神と一体となり、一切の物事を成就完成せしめる、この世でもっとも力強くもっとも尊厳な境地を表している」と書いてありました。

私はそういう深い内容が込められているということを意識せずに、いいかげんな遂断《しきり》をしていたことを反省し、その後も礼拝の形をきちんと取って拝むようにしました。

そうしていると、日象の式のありがたさを感じるようになりました。日象の式を取っている時の自分は神と一体になっているのですから、いろいろな雑念を持つことがないのです。

神に生かされている自分が今からすることは、神様と一緒になってするのですから、いろいろと考えることは要らないのです。〈〝今からこれこれのことをいたします。どうぞよろしくお願いします〟と遂断《しき》ればよい〉と思うようになりました。

そういう気持ちになると、〈結果は神様がくださるのだからそれでいいのだ。もし足りないところがあれば、次の表現ではそうならないように心掛ければいいのだか結果を憂えら、何も心配することはない〉と思うようになったのです。そしてまた、結果を憂えるということは、正に要らぬ気遣いだということに気付いたのです。

偉そうにしたがる心を出さず、神に依りつつ毎日を過ごしたいものです。

第十七条

人の気持ちを悪くするようなこと言いません、いたしません。

気持ちを悪くするとは

気持ちを悪くするというのは、いやな気持ちになるとか、不愉快な気分になるとかということで、人をそういう気持ちにさせるようなことをしたり言ったりするのは、人間として恥ずかしいことです。なぜかというと、人は多くの人と共同生活をしているのですから、皆と仲良くするというのが大切な心得になります。

私は東日本大震災のボランティアに参加した学生が、「被災者の人が喜んでくれたのが自分の生きがいになった」と話すのを聞いていて、〈人は人のためになることをした時が、一番うれしいのだな〉と感じました。それなのに、多くの人が人のために何かすることを無駄なことのように感じて、自分の都合を先に立てて暮らしているのは損なことだと思います。

自分の都合を先に立てて暮らしていると不足ばかりの生活になりますが、人のためを思って暮らしていると楽しいことばかりの生活になります。

人の気持ちを悪くするようなことを言おうとする時には、言葉にいっぱい針を付けて、なるべく相手の心にグサッと刺さるような言い方になっています。普通に言えば何でもないことも、皮肉っぽく言われると、言われた人はその言葉を聞いた途端にいやな気分になるでしょう。また、人の気分を害することを言ったりしたりする人は、なるべく相手がいやな気分になるようにと願っているのですから、これはもう良い人間関係は築けません。

人は誰でも嫌われるのはいやなはずです。人に対していやなことや皮肉っぽいことをしようとするのは、人としての在り方に反することで、そういうことはしないように心掛けるのが人というものです。

「四十歳を過ぎてからの顔は自分の責任である」という言葉があります。生まれた時の顔は両親から授かったものですが、四十歳を過ぎての顔は自分の生活によって作られた顔である、ということです。「人生は芸術である」と教えられているように、自分の人生は自分自身が作り上げていくべきもので、人が言ったりしたりすることによって、自分の人生が左右されることはないのです。

ところが、その人のすることや言うことが自分の気に入らないということから、人に対して皮肉を言ったりしていると、その影響は自分の顔に現れることになります。気を付けたいと思います。

人は表現の態《たい》にて生きる

人間が生きるということは〝表現〟しているということであり、より良く生きるには、自分が今、直面していることを上手にこなしていけばいいのです。その時の対象が人であれば、その人が言っていることを聞き、それに対して自分はどうするかを考えて表現すればいいのです。

その表現が相手の心を傷付け、いやな気分になるような内容では、その人の表現は良い表現とはいえません。良い表現とは、相手の求めていることがかなえられるような表現で、相手の求めていることがすぐにかなえられないのであれば、その理由を説明し、どうすれば満足な気持ちになるかを話し合うことです。

人の表現は、対象となっている人が喜ぶことが一番良いのです。そのためには、相手の言うことをよく聞いて、どういうことを求めているのかを分かって、それにちょうど良い在り方をすることです。そうするためには、相手の気持ちをよく理解し、それに対して自分はどうできるかを考えて返事をすることが必要になりますが、それをせずに、自分の気持ちだけで表現する時には、その表現は対象との関わりをうまく持てないものとなり、自分も生きている喜びを持てないことになります。

それと同じことが、この心得にある「人の気持ちを悪くする」という言葉には含まれているのです。掃除をしている人の掃除のしかたが悪いと言って、そのほうきを取り上げて掃いてみせるということをしても、掃除の上手なしかたを教えたことにはなりません。それよりも掃除が済んだところで、「ちょっと来てごらん、ここにごみが残っているでしょう。もう少し気を使って掃くようにしてね」と教えてあげる方が相手によく伝わるでしょう。

このように、自分の表現の在り方を工夫するところに、人の生き方があるのです。

自分の気持ちを悪くする

人が集まって話しているそばを通りかかった時に、急に話題が変わったというようなことがあると、〈きっと私の悪口を言っていたのだろう〉と勘繰って、自分で自分の腹を悪くする(不愉快になる)という癖の人がいます。こういう癖を持っていると、つい何でもないことを勘繰って〈自分のことを悪く言っているのではないか〉と思ったり、要らない気を回してつまらない遠慮をするということになりがちですが、これは不要なことです。

ある人が教会で解説を受けた時に、「人がいろいろ言うのは、排泄《はいせつ》物の中をほじくり回して、こんなものを食べている、あんなものを食べていると言っているのと同じで、気にすることはない」と教えられて、それ以降は要らないことに気を使うことがなくなって楽しくなったと言っていました。人があれこれ言うことを止めることはできません。しかし、人の言うことを気に留めて、自分の腹を悪くすることはしないように努めることはできます。

人の言うことはその人の思いであって、自分の行動に影響を与えるものではありません。ところが気にする人は、人が言ったことを、自分が気を付けなければならないことを言われたように思って気に掛け、心配したり、あるいは、前に言われたことにとらわれて〈言われないようにしなければならない〉と気を使って、苦しい思いをしているものです。そうだとしたら、それは何の役にも立たない無駄なことをしていることになります。

本来、人がしなければならないのは、自分の思いを表現することだけでいいのであって、それに関係無いことはしなくていいのです。それなのにあれこれと考えて、自分の思いに関係無いことまでしなければならないように思うのは、無駄なことです。P

L遂断詞《しきりのことば》に「芸術生活《うるわしきたつき》の上《うえ》に自《みずか》らの個性《まこと》を表《あらわ》すにより」と示されているように、自らの個性を表すことが人生の基本なのです。

人間表現の基準は

私たち日本人は儒教を元にした道徳教育を受けていますので、「善因善果、悪因悪果」ということが物事を判断する基準だと思いがちですが、「善因」と思っていることが、果たして私たちの生活の中でほんとうに正しい行動規範になっているでしょうか。私たちは正しいことをしているつもりで暮らしていますが、それは自分の都合や考えを元にしたものなので、人と争うことの多い生活をしています。

人間の生活で大切なことは、正しいことではなく、その時の状況に対して適応し、周りの人と仲良くしていくことです。自分の気に入らないとか虫の居所が悪いと、人をやっつけたくなって、人の気持ちを悪くするようなことを言ったり、したくなったりします。しかし、自分が気分を害するということは、本来、自分自身に原因があるのであって、相手に原因があるのではありません。それを相手が悪いと決め付けてやっつけるのですから、これでは人と仲良くすることはできません。

人というのは、美しい心を持ち、人に対して親切であるというのが理想でしょう。それならば、自分もそういう理想にかなった在り方をする方が楽しいのです。ところが人間は、自分に与えられている自由を自分だけの特権のように思って、わがまま得手勝手になりがちです。それでは人から見て〈すばらしい人だ〉とか、〈ああいう人になりたい〉とかいうような人になることはできません。自分の思うようにしたいという思いを少し抑えて、相手の気持ちを理解してあげましょう。そこにほんとうに気持ち良く暮らせる道があるのです。

相手の気持ちが分かれば、どうすればその人と仲良くなれるのかと、工夫することができます。そこのところが分かれば、人は自由になれるのです。それなのに、自分の都合や考えで物事の正邪を判断して、何かをしようとする時も、その結果が自分にとって良いことになるか悪いことになるかをまず考え、するかしないかを決めるのです。しかし、そのように判断して行動したとしても、その結果が自分の都合のいいようになるとは限りません。

このように、自分の都合だけを考えて暮らしていても、その通りになるかならないかは分からないのですから、結果にとらわれることなく、最善の在り方を授かるよう神様にお願いして暮らすことが大切です。私たちは神様に生かされて生きています。常に神に依《よ》って暮らしていると、そのときどきに人としてのちょうど良い表現を授かり、周りの人とも仲良くできる在り方になっていくものです。

第十八条

人を粗末にするような思いいたしません。

人を粗末にするということ

人を粗末にするということは、自覚の無いままに、人に対して価値付けをしている行為に現れています。多くの人は、会社の社長というと偉い人だと思い、社会的地位が低い人に対してはそれなりの対応しかしないのが当たり前だという感覚で暮らしています。しかし、それはおかしなことです。確かに仕事の内容は違いますが、それによってその人の価値まで変わることはないのです。

神様は、人は皆同じ価値を持つ者としてこの世に生んでいるのであって、その人が担当する仕事によってその人の価値が変わるものではありません。〈社長だから偉い〉とか〈ビルの清掃人だから大した人ではない〉と価値付けているのは、社会的通念であって、それに従う必要はないのです。

人にはそれぞれ独自の個性と自由に生きる能力が与えられています。ところが、私たちは自分の都合で人を踏みつけにする、人を馬鹿にする、人に無理を言う、人の言うことに耳を貸さない、強情張って人の気持ちを無視する、自分の思いだけを押し通そうとする、などのことをして、人を粗末に扱うことが多いようです。

〝人を粗末にする〟とそれが自分に返ってきて、自分が人から粗末に扱われることになります。自分がされていやなことは人にもしない方がいいのです。

ところが、虫の居所が悪いと人の意見を聞こうとしなかったり、人を踏みつけにするようなことをしがちです。そういうことをしている時の自分は、決して楽しい気持ちにはなりませんし、いい気持ちでもないはずです。なぜかというと、周りの人は自分の自己表現の大切な素材ですから、その関係がうまくつくれないということは、自分の自己表現がうまくできていないことであり、楽しくないことになる訳です。

楽しく暮らすことが幸せの大切な要因です。その大切ないい気分で暮らすということを、人を粗末にすることで失うのですからもったいないことです。

では、人との付き合いはそれほど難しいことでしょうか。人との付き合いをうまくしなさいというと、何か大変なことをしなければならないように思って、〈面倒だなあ〉と思う人が多いのですが、人と仲良くするには何も大変なことをする必要はありません。

人間はその時その時の気分を持っています。相手がどんな気分でいるのかが分からない時は、挨拶をすれば、その返事のしかたで分かります。その気分に合わせて表現すればいいのです。そのほんのちょっとした心遣いが人間関係を円滑にする秘けつです。

それを、人の機嫌を取らなければならないというふうに考えて、〈そんなことできるか〉となりがちですが、そうではなくて〈あ、今日は機嫌が悪いのだな〉と感じたら、当たり障りの無い挨拶だけしてその場を離れるとか、機嫌が良ければそれに合わせて応対すればいいのです。このように、人間の気分はいつも変わっているのですから、その時その時の相手の気分に合わせて、ちょうど良い在り方を工夫することです。

自由ということは

ＰＬ処世訓第二十一条に「真《しん》の自由《じゆう》に生《い》きよ」と示されているように、人間には自由が与えられ、自由に生きる権利を持っています。ですから、人は自分の前に現れる神業《かんわざ》に対して、自分が思うようにしていい訳ですが、その時に心掛けなければならないことがあります。

「人は表現の態《たい》にて生きる」のですから、その時に自分の目の前に現れた事柄（神業）との関わりをちょうど良い関わりにしなければなりません。それがうまくいった時にはいい気分で過ごせますし、楽しい訳ですが、その関わりがうまくできない時には楽しくないし、いい気分で過ごすこともできません。その関わりをちょうど良いものにするのは、自分の責任であって、人に責任があるのではないのです。

ところが、関わりがうまくいかない時に、〈あの人がああしてくれたらうまくいくのに〉とか、〈あの人がちゃんとやってくれたらいいのに〉と人の責任にして、人の不足を思うことが多いようです。それではうまくいく方法を見付けだすことはできません。そこで、うまくいかなかった時に、自分の対応のしかたはどうであったかをちょっと考えていただきたいのです。

ちょうど良い関わりを持つためには、自分の都合だけでなく、対象の状態を考えることが大切です。自分の都合や考えだけで対応のしかたを考えると、どうしても自分の方に偏った関わり方になります。そしてほとんどの場合、人の不足だけが目に付き、ちょうど良い関わりにはならないようです。それは卵を割る時と同じで、ちょうど良い力加減が分かるためには、何度も卵を割ってその力加減を体験しなければならないように、人間関係も、何度も失敗しながら人とうまく交わることを経験することが必要なのです。

卵を割る時には、卵の殻の硬さをしっかりつかむことが大切です。それと同様に人間関係においても、その人がどういう気分でいるのかを分かって付き合うことが大切です。相手の気分を分からずにいると、その人との関わりがうまくいくこともあれば、うまくいかないこともあるということになってしまいます。

うまくいかないことの方が多いという人は、自分の気分や都合を先に考えているからで、少し思いを変えて、対象となっている人の気分はどうなのかを考えてみるようにしてください。そうすると、対応のしかたを自由に変えることができます。これが、人を粗末にする反対の、人を尊んで暮らすことになります。

人間は物事に対して、自由に対応のしかたを変えることができるし、またそうでなければうまく生きることができません。例えば、氷の海に囲まれて暮らすこともできるし、炎熱の熱帯地方で生きることもできるのが人間です。それは対象の状態に応じた対応を自由にすることができるからで、動物や植物は人間のように自由にはできません。

人間に与えられている自由は、いかなる状況に対しても、その状況に応じたちょうど良い関わり方を考えだすために、神様が与えた特殊なものなのですから、大いに活用して芸術生活を楽しんでください。

神業のまにまに

人が生きるためには何らかの対象が必要ですが、私たちの毎日の生活においてそれは目の前に現れる神業です。その神業を自分の都合で判断してあれこれと不足を思うのは、大変損なことです。不足を思った途端に知恵が出なくなるからです。人間は自由に知恵を働かすことによって自由に楽しく、人を尊んで暮らせるのですが、その知恵が出せなくなると不足不満に満ちた生活になります。そうなった時は、ちょっと知恵を働かすことで楽しく過ごせます。

例えば、教会で運動会を企画していたとしましょう。運動会の当日の朝に雨が降りだしたとします。その時、知恵を出して運動会は次の日曜日に延期するとか、教会の広間で、室内運動会に切り替えて楽しむとか、いろいろな在り方が考えられます。その在り方を考えるのが人間の働きなのです。そして、そういう自由が人間に与えられていることが人間の特殊なところです。

この人間の特殊性を、最大限にいかして暮らすところに人間の幸せがあります。ところが、自分の前に現れる神業に幸運を求めると、ほとんどその願いはかなえられないでしょう。というのは、目の前に現れる神業は、「このことをどう芸術しますか?」

と神様から問い掛けられているからです。神様からの問いに対して、どう答えるかが私たちの生活なのです。

宝くじで一等に当たった人はどんなに幸せな生活を送っているのだろうと思い、調査をした人がいます。しかし、当たってほんとうに幸せになった人は一人しかいなかったそうです。その人は、賞金を全て寄付したといいます。その他の当たった人は、思いもかけないお金が入ったことで、親戚や知人からの「金を少し回してほしい」という借金の申し込みや、泥棒に盗《と》られはしないかという不安から、人との付き合いができなくなったとかいうようなことで、前よりも不幸になった人がほとんどだったそうです。

この神様からの問い掛けには、私たちの予想をはるかに超えるものもあります。さまざまな天変地異もあれば、宝くじで大金が当たるという幸運もあります。このどちらも神様からの問い掛けという意味では同じことで、一方はものすごく良いことで、一方は非常に不幸なことだということはないのです。

この神様の問い掛けは実にいろいろで、私たちの都合は全然考えてはくれません。したがって、その答えも十人十色で、自分の考えてもいなかった答えを出す人もいます。そうすると、その考えを頭から否定したり、何て難しいことを言うのだろう、などと無視したくなったりするのも人を粗末にしていることになります。人の表現にはその人の生命がこもっているのですから、軽く扱ってはいけないのです。まずその表現を見聞きしたらどういう気持ちで言っているのだろうと、相手の気持ちを理解することが大切です。相手の気持ちが分かったら、できるだけ尊重して応対することが大切です。人間は神の現れとしてこの世に生かされている存在です。ですから、人に対しては神の分霊として対さなければならないのです。

目の前に現れた神業を芸術するのは私たち人間です。自由に知恵を働かせ、人を粗末にすることなく楽しい生活を送りたいものです。

第十九条

宝生する心を忘れません。

宝生《ほうしょう》するということ

ＰＬに入会すると「宝生袋」を頂きますが、この「宝生袋」にＰＬの信仰の神髄があります。「宝生袋」は、ＰＬの信仰（＝神によって生かされていることを自覚して、毎日の生活を神に依《よ》ってさせていただくこと）を実行するための方法として、おしえおやが制定されました。

人は自分一人では生きていけません。多くの人と共同生活を営むことによって生きていますので、〝世のため人のために〟という気持ちを忘れてはいけません。そのことを忘れないために、おしえおやが制定してくださったものでもあるのです。

宗教団体は信者の寄付によって運営されています。その運営方法の一つとして、ＰＬには「宝生」という献金制度があります。神社や仏閣にお参りしてお願いをする時には、自分の気持ちに合わせて献金をする風習がありますが、ＰＬでは自宅の神前で神様に何かお願いする時に、「宝生袋」に献金してお願いするようになっています。また、みおしえ願いをする時も、解説を受ける時も、感謝する時も、「宝生袋」に献金して神様にお礼をすればいいことになっています。

その他にも特別に献金することといえば、祖遂断《おやしきり》宝生とお初穂献金、教祖祭献金などがありますが、それらの献金は各自の気持ちに従って献金すればいいので、教団として皆さんにお願いしている献金は「宝生袋」によるものだけです。「宝生袋」には、おしえおやの遂断が込められています。「この袋に宝生する人の上に、有形無形の大いなる宝を授けたまえ」と神様に遂断《しき》ってくださっているのです。

私たちの生活で一番問題になりやすいのは、お金に対する気持ちの持ち方でしょう。お金は一見、万能な力を持っていますから、〈お金さえあれば何でもできる（幸せになれる）〉と思ってしまい、その思いが私たちの生活を狂わせてしまうことになりがちなのです。

例えば、お金を出さなければならない時に、お金が出ていくことばかりに気持ちがいって、何のためにそのお金を出しているのかということについては、あまり気にしないことが多いと思います。そのため、出ていったお金の額が気になり、〈財布の中から幾らのお金が出ていったから、残りは幾らになった〉と〝引き算〟をして暮らしている人が多いようですが、その考えはちょっとおかしいと思います。

無駄なことにお金を使ったのではなく、何か有用なことに使っているのですから、財布に残った金額ではなく、その時にお金を使って自分の方に取り込んだ幸せに目を向けなければなりません。ですから、まずお金を使う時には、そのお金を使って何を買うのかを考え、そうすることによって自分の生活が豊かになることを思うべきなのです。お金を出すということは、それだけ自分の幸せが増えるのですから、自分の方に入ってくる幸せを考えるお金の使い方を、〝足し算の生活〟と呼びたいと思います。

本来お金というのは、物々交換の利便性のために考えられたもので、幾らたくさんあっても、替える物が無くては何の価値もありません。そのことは戦後の物資不足の時代に痛感したはずなのに、「喉元過ぎれば熱さ忘れる」のたとえのように、物があふれるように多くなるとお金に対する感覚も鈍ってしまい、物と交換するという本来の在り方を忘れ、お金自体に価値があるかのように勘違いして、お金さえあれば幸せも買えるかのように思って、お金に執着するようになってしまうのです。

子供がお金を無駄遣いすることを苦にして親が子供にやかましく言うとか、〈主人の給与が少ない〉とか、お金に関しての思いはいろいろありますが、人間の幸せのためにあるお金のことで感情に走るのは、幸せのためにあるお金が不幸の元になることになります。ですから、〈お金のことで感情に走らない〉と決意して暮らすことが必要です。そのためには、〈毎日の生活の中でお金に執着しない〉〈世のため人のためにお金を喜んで出す〉という「宝生精神」を持って暮らしたいものです。

人間は表現することで生きているので、今目の前にある神業《かんわざ》に対して、自分の力の限りを尽くして楽しく対応するところに人生の喜びがあるのです。そのためには、「宝生袋」に込められたおしえおやの遂断のお徳を頂き、お金にとらわれることなく、〝足し算の生活〟をするようにしてください。毎日宝生をして、神様に〝足し算〟の生活ができるようにお願いして暮らしましょう。

「宝生精神」を身に付ける

人は自分の持っている力を、世のため人のために働かせるという使命を持っています。肉体の力を世のため人のために働かすことを「献身精神」といいますが、物やお金を世のため人のためにささげることを「宝生精神」といいます。

この「宝生精神」を持っていることは、人生の宝を持っているようなもので、ほんとうにありがたいことに遭遇することになります。ですから、何かある時には、率先して世のため人のためにお金をささげる気持ちで暮らしていると、楽しく暮らせます。しかし、お金をささげる気持ちが無いと、お金を出さないといけないことに遭遇するとあれこれ思うことが多くなり、それだけ心の負担が大きくなります。

宝生して神様を拝むという習慣を持っていると、「宝生精神」が身に付き、お金が要ることに遭遇しても喜んで出すことができるし、ほんとうにお金に執着しない喜びを味わうことができます。お金に対して執着する思いは、ちょっとやそっとでは取れないものですが、毎日の宝生をしているとお金に対する執着が少なくなり、幸せな生活を送ることができるのです。

神に依《よ》る生活

私たちが神様を拝む時に奏上している「PL遂断詞《しきりのことば》」の最後の部分に、「今《いま》より後《のち》はひたすらにみおしえを守《まも》り　芸術生活《うるわしきたつき》の上《うえ》に自《みずか》らの個性《まこと》を表《あらわ》すにより」とあります。みおしえを守るのは「自分の誠を自分の生活の上に表す」ためであり、立派な人間になるためではありません。この根本を見逃して心癖と取り組んでいる方を見ると、気の毒に思います。

心癖は取ろうと思って取れるものではありません。自分の表現の邪魔《じゃま》になる心癖を取るのは、一生かかって取り組まなければならないほどの課題です。ところが、みおしえを守って、とあるのを、普段していることとは違うことをしなければならないかのように考えて、〈そんな難しいことはできない〉と諦めている人が多いように思います。

ＰＬの信仰は、自分の生活を芸術に高めるためのものです。そして、生活というのは何の変哲も無いこと、例えば顔を洗ったり、ご飯を食べたり、人と話をしたりすることです。この普通のことが普通にできていないところをみおしえで教えていただいているのです。みおしえを守ることを、何か大変なことをしなくてはならないかのように思うのは錯覚なのです。

ただし、先程申し上げたように、みおしえで指摘されていることは〈ああそうか〉と思ったくらいでは実行できません。それは〝癖〟になっていることだからです。癖というのは、気が付いた時にはもうしてしまっているのです。ですから、癖を直すためには、癖になっていることを無くさなければなりません。

おしえおやは、「もし、心やすくものを言ってくれる人がいれば、『私にはこんな癖がありますので、もしそれに気が付いたら教えてください』とでも言って、教えてもらうという方法もあります」とおっしゃっています。これは非常に大切なことで、まず自分がそういう癖を持っていることに気付く必要があります。みおしえも同じことで、みおしえで教えていただいていることに気付くことが、みおしえ実行の要点になります。

次に、自分の癖に気付いたら、その癖がなぜ自分にとってやめなければならないほどの癖になったのかを考えることです。甘い物が好きという人は、甘い物を多くとるとどういうことになるかを知ることが必要です。そうすれば、自分でその癖を抑制することができます。ところが、そういう知識を持たずに、ただ「甘い物を食べてはいけない」と言われると、自分のしたいことを禁じられたように思っていやがるのです。

人間は自由であることを望みます。その逆に、自分がしようと思うことを禁じられると、それを自分の自由が侵されるように思って抵抗するのです。教えを実行するにあたっても、そういう抵抗を感じながら実行しようとしても、楽しくすることはできません。みおしえを楽しく守るためには、〈この癖のために自分は苦しい思いをしているのだな〉〈この癖をどうしたら乗り越えることができるか〉と考えを変える努力をすればいいのです。その努力ができるように、「宝生袋」に献金して神様にお願いするのです。

お金は生活の原資ですから大切なものです。その大切なお金を神様にささげてお願いするところに、本気さが生まれ、その努力も実のあるものになるのです。

第二十条

感謝新友を授かることに努めます。

感謝新友とは

ＰＬの信仰のありがたいところは、即座に結果を頂けることです。私も入会してすぐに肺病の〝みしらせ〟を解決していただき、無事に大学を卒業することができました。その話を人にすると、「信仰で病気が治るなんて迷信だ」と一笑に付され、それから人に話すことを躊躇《ちゅうちょ》するようになりました。

しかし、ほんとうにＰＬの信仰によって病気が治るのです。ただ現代の社会ではそういう例が少ないので、人に話してもすぐに受け入れられることはないかと思いますが、ＰＬの教えで説いていることは人間である以上は知っておかないと損をすることです。

ＰＬ遂断詞《しきりのことば》の最後の方に「されば人《ひと》の世《よ》の災難病苦《くるしみわずらい》は　みしらせと知《し》りて何事《なにごと》も喜《よろこ》び　神業《かんわざ》のまにまに我《おのれ》執を捨《す》てて践《ふ》み行《おこな》うこそ　人《ひと》の人《ひと》たる真《まこと》の道《みち》と悟《さと》りて」とあるように、災難病苦は、私たち一人一人の人生の上にさまざまな形で現れますが、それは神様からのありがたい「お知らせ」なのです。そのことを発見したのがＰＬです。

そして更に、神様の神慮《みこころ》をお分かりになるおしえおやが、その「お知らせ」の意味を一人一人に「みおしえ」として取り次いでくださるようになっているのがＰＬの信仰です。

「みおしえ」で教えていただく内容は、罰が当たったとか、いわゆる「叱られた」ということとは違います。災難病苦は、人として生まれた甲斐《かい》があるように生きよ、という神様の大慈大悲の神慮の現れです。つまり、そこで教えていただいている神様からのお知らせは、人としてどう生きれば幸せになれるかを、一人一人に的確に教えていただいているのです。その意味を「みおしえ」で教えていただけるのはＰＬだけです。そのような信仰を人々に先駆けてさせていただいていることに感謝し、ＰＬを御存じない方にお伝えしていく、その献身を「感謝新友」とおしえおやが命名してくださったのです。

人間が生きるということは、その時その時に遭遇する神業との関わりの中に、自分の誠を表現することにあります。そのためには、常に緊張して神業と関わり、神に依《よ》る心境を維持しなければなりません。

日常生活においては、〈いつもしていることをしていればいい〉と思いがちですが、いつもしていることというのは生活の習慣になっていることであり、一番楽な在り方です。それが、その時の神業とちょうど良い関わりになっているかというと、疑問を持たざるを得ません。だいたいにおいては良いことになっているかもしれませんが、時には都合良くいかなくて、腹を立てたり、不足に思ったりすることもあるでしょう。そのように感情に走って神業に対応すると、感情に走った分だけ自分の誠が表現できないことになります。誠の一部しか表現できないことになると、その表現されない部分が自分の悩みとなって、人生に影を落とすことになるのです。

例えば、奥さんがご主人のために料理を作ったとします。出来上がった料理の塩加減がご主人の好みに合わなくて、叱られたとします。奥さんからすれば〈いつもどおりに作ったのに『塩辛い』だなんて。どういう塩加減ならいいのか分からない〉と不足に思うでしょう。しかし、それがご主人の気分に合った対応になっているかとなると、ちょっと疑問になります。

なぜなら、「塩辛い」と感じたご主人の言葉を素直に聞いて、「そうですか。どこで間違ったのでしょうか」と、ご主人を中心にした受け答えをするのがちょうど良い在り方になるからです。それを自分の都合を中心にすると、強情になり、中心を取り違えてしまうことになります。ですから、毎日の生活では〈自分の習慣にとらわれずに、その時の神業に順応できますように〉とお願いして暮らさなければならないのです。

そうした日常生活の在り方を知らないために、つまらないことで悩んだり、苦しんで暮らしている姿がＰＬを知らない人に多く見受けられます。そうした悩みや苦しみの無い生活ができれば、その人は幸福になれます。ＰＬの信仰を自信を持ってお勧めしましょう。

表現しなければ分からない

ある経済人の会合で、総理大臣を経験したことのある政治家に会って、「ＰＬの川島と言います」と挨拶をした時のことです。その政治家は「ＰＬはもっと広く宣伝しなければいかん」と言われ、私は〈ほんとうにそうだな〉と痛感しました。ＰＬの教えほど結果のはっきりと出る教えはありません。

しかし、例えば、立つことができなかった人が祖遂断《おやしきり》を願ったらその場で立ち上がれた、という話を聞いて〈そうか〉と納得する人よりも、〈そんなことはない〉と否定する人の方が多いでしょう。そういう奇跡を幾ら人に説明しても、相手が納得することは望めません。そうした奇跡は、祖遂断や解説、宝生《ほうしょう》などを通しておしえおやの遂断が働くことで起こるものであり、それはＰＬの信仰を実践しないと分からないものです。

そこでＰＬの教えを広めるには、「自ら教えを実践して、誰からも好かれる人になるのが、新友紹介の秘けつといえるでしょう」とおしえおやは教えてくださっています。「自ら教えを実践して」といっても、みおしえで示されているような心癖の無い人になることは無理でしょう。なぜなら、心癖は一生かかって取り組んでいくべきものであり、ちょっとした決意でその癖が直るものではないからです。

たとえ癇癪《かんしゃく》持ちであってもいいのです。癇癪が起こった時に、それに気付いて癇癪をやめて誠の表現をすれば、それは誠の表現ということになります。また、癇癪が出そうになった時に気付かせていただくことも、誠の生活をさせていただけることにつながります。

みおしえを一生懸命にお誓いしていると、心癖に気付かせていただけます。気付いた時に〈ありがとうございます。この心癖を出さずに誠の表現をさせていただきますによう、どうか良い表現をさせていただけますようお願いいたします〉とお願いしましょう。そして、例えば人と話している時なら、相手が言っていることをよく聞いて、その時に授かったことを実行すればきっと良いことになります。

心癖が出そうになった時に〈心癖が出ない人間にならなければ、みおしえが実行できていない証拠だ〉と悔やんでいるとしたら、それは勘違いです。〈みおしえを頂いているから気付かせていただいた〉と感謝しましょう。そして、どうすれば楽しくなるかを創意工夫して表現することです。その時、宝生や祖遂断・神霊などに込められた「おしえおやの遂断」を頂く信仰をすることによって、なお一層、人間としての能力を発揮することができます。これもＰＬの信仰ならではの功徳です。

感謝新友を授かることの喜び

ＰＬ信仰生活心得に「感謝新友を授かることに努めます。」と教えられているのは、感謝新友を授かることほど大切なことは無いからです。

ＰＬの信仰は、今の世の中には無い奇跡を表しています。その奇跡を人々に伝え、その人とともに救われた喜びを体験し、ともに感激に生きられるのは、ＰＬの会員だけに与えられた特別の〝任務〟だと思います。この聖なる任務を与えられている栄光を感じながら生きることは、ほんとうにありがたいことです。

そして人間の幸せは、誰にでも喜びが発見できるように、全てのことに喜びが味わえるようになっているのがこの世の仕組みです。その喜びを発見しながら生きるところに、人間の幸せがあります。私はＰＬ教師を拝命してすぐに受けた錬成で、本庁の炊事場をレンガで作る献身をさせていただきました。その時、〈世の中にこんなにおもしろい仕事があるのか〉と感心したことを思い出します。

人間は、喜びの無い生活には耐えられない性質を持っています。自分が何もしないでいたのでは、そうした喜びを味わうことはできません。自分が努力しただけ喜びを味わえるのが人生なのです。その原則を知らないで、自分は何もしないで喜びだけを得ようとしても、何も得るものはないのです。

このことは、私たちの人生において、自分が思わないことは現れない、ということにも通じています。ＰＬの教えのおかげを頂き、幸せに暮らしている自分の生活を思う時、〈この幸せを多くの人に分かちたい〉と思うのが人の真情でしょう。その自然な気持ちを大切にして、感謝新友を授かることを心の隅に置いて暮らしてほしいと思います。

第二十一条

神の恵み、おしえおやの恵みを忘れません。

神の恵み

神の恵みは、普段の生活ではあまり意識することはありませんが、私たちの周りを見回すと、春になると桜の花が咲き、夏になると暑い日が続き、秋になると山が紅葉してきれいな景色を見せてくれ、冬には寒い日が続き、北の方では真っ白な雪が辺りの景色を一変させてくれます。このような四季の移ろいは、景色の変化だけではなく、私たちの人生の上にも大変なおかげを授けてくれています。

春の暖かさは草木が芽吹くきっかけとなり、夏の暑さは稲が実るために必要です。こうした自然の恵みの中で暮らしている私たちですが、四季の恵みを感じて感謝することはあまりないのではないかと思います。しかし、私たちの生活はこの自然の摂理によって支えられているのです。このことをしっかりと把握し、神の恵みに感謝して暮らしましょう。

金田徳光日知《ひじり》（幽祖《かくりおや》）はこの世の真理を明らかにするために、この世の中の物事の現れ具合を検討し、病気はその人の心の使い方の誤りを示すために現れていることを発見して、〝みしらせ〟と命名されました。幽祖の教えに接して指導を受けるようになった御木徳一《とくはる》初代教祖は、更に教えを探求し、この世の真理を知ることのできる境地を創造して、それを〝おしえおや〟と命名されました。そして、おしえおやの境地を受け継ぐ人をPLの教祖として「本教は代々教祖（おしえおや）が現れ、その時代に即応した教えを説く」とされたのです。

そのため、他の宗教では教祖の悟りを最高のものとしてその境地に至ることを目的として修行していますが、PLにおいては、そのときどきの〝おしえおや〟の説かれることを信仰することが幸せの道であると説いています。といっても、それは過去のキリスト教のように、教皇絶対の在り方ではなく、会員の願いによって、その時のみしらせが示す内容を解き明かして、それに合致した在り方をすることが幸せの道であることを教え導くことにあります。

自然は常に変化しています。自然災害や人間の作り出すもの――放射能や二酸化炭素など――によって刻々と変化しているのです。その変化にどう対応するかは、人間の知性と創造力に委ねられていることで、人間が解決すべき問題です。人間に与えられている能力はそのためのもので、人間力を最高に働かしてこれらの難問を解決する道を探求することに人間の使命があります。〝自由〟とはそのためのものであり、その自由を最高に働かせて世のため人のために貢献することに、人間が生きている存在意義があるのです。

自由である以上、他人のためにならないことを考える人も出てきます。それを防ぐためにも、人間が生きる意義をはっきりと知ることが、誰もが豊かに自分の自由意思に従って生きられる世界を実現する上で必要なのです。

おしえおやの恵み

人間には正しいことをするのはいいことだという考えがあり、自分は正しいことをしていると思って暮らしていますが、この考えには大きな落とし穴が潜んでいます。それは〝強情〟という言葉で示されている心の働きです。

強情というのは、自分の考えに固執して、その時に遭遇した神業《かんわざ》に対して自由に対応できないという弱点を持っています。なぜかというと、人間にとって一番大切なのは自分自身であり、そのため私たちの生活は、自分の都合の良いように組み立てられた習慣によって形作られていて、自分の習慣に合わない事柄に遭遇すると感情に走るという状態に陥るからです。

人間の感情は、平常な時は毎日の生活の中で物事の微妙な味を感じ取り潤いとなりますが、習慣に合わないことに遭遇すると〝心癖〟という言葉で示されるように、私たちの心の働きを一定の方向に固定して、その時の自分の感情を満足させるように動きます。不足の思いの時はその思いが満足するように、不足になる理由を数え上げて自分の考えが正しいと考えるのです。しかし、その考えは自分の都合が先に立っているため正常なものとはいえません。正常な時には何の苦労も無く〝陥っている穴から出る〟ことはできますが、正常な状態に無い時にはそれができないものです。

第七条でも触れましたが、私は七十五歳になった時、ふと〈これから先どのくらい生きるだろう〉と考えました。私の長男は四十二歳で亡くなったので、祖父としての私には、長男の子供たちの成育を見守ってやらないといけないという思いがあったのです。孫が今中学三年生で、彼が成人するまでにはあと何年かかり、幾らくらいのお金を貯めなくてはいけないのかなどということが気になり、寝ている時にも考えるようになり、天井が回って見えるようになりました。これはみしらせだと気が付いて、みおしえを頂きましたが、自分がおかしな考えをしていることに気付かずに、やはりどうしたらいいだろうという思いから離れることができずに悩んでいました。

そして三日間みおしえをお誓いして、解説を頂いている時にふと〈これから先のことをあれこれ考えてもどうなるかは分からないではないか。それをいろいろ考えて悩むよりも、今のことに一生懸命誠していればいいのだ〉ということに気が付き、それ以来楽しく暮らすことができるようになりました。

私たちは、自分の考えにとらわれている時には、その考えから一歩も出られずに悩んでいることが多いものです。おしえおやは、そうした心を救うためにみおしえを下付してくださり、解説を遂断《しき》ってくださっているのです。私も解説を通して自分の考えを変えることができ、悩みから解放されたのでした。

自我の枠を捨て切った世界に生きる境地を「天人合一《てんじんごういつ》の境地」といい、おしえおやはその境地に立って私たちPL会員の幸せを神に祈り、守ってくださっています。そのため、私たちはいつも安心して暮らすことができるのです。どうぞ祖遂断《おやしきり》や解説、みおしえを頂いて有意義な生活を送ってください。

隣近所と仲良くする

おしえおやは、隣近所の人と仲良くすることが世界平和を実現するためには必要だと言われました。確かに、隣近所の人と仲良くできないのに主義主張の違う人と仲良くできるはずがありません。身近な人も含めてお互いの主義主張を認め尊重していくことが大切です。ＰＬ処世訓第七条に「一切《いっさい》は相対《そうたい》と在《あ》る」とあるように、相対として現れているこの世の中に絶対のものは無いのです。自分のすることが正しくてそれが良いことだと思っていると、人が違うことをしていると咎《とが》めて仲良くすることはできません。人と仲良くするためには、その人のしていることを〈それがいいことだと思っているのだな〉とありのままを認めてあげることです。

しかし私たちは、こんな簡単なことを見落として争っていることが多いのです。こうした過ちは自分の都合にとらわれるから起こるもので、人との調和を図る姿勢が重要です。その上で、少しでも自分の都合の良いようになるように工夫して暮らすことが楽しいのであって、何もしないで自分の思う通りになるということはないし、そうした生活は楽しくはありません。表現無きところには喜びも無いのが人生です。したがって、今まで考えられていた〝極楽〟や〝ユートピア〟という考えは空想にすぎないものだったのです。おしえおやが解き明かしてくださった「人生は芸術である」というＰＬ理念は、そういう錯覚を打破して人間のあるべき姿を明らかにした真理なのです。

神・おしえおやの恵みに包まれて

ＰＬ遂断詞《しきりのことば》に「されば人《ひと》の世《よ》の災難病苦《くるしみわずらい》は　みしらせと知《し》りて何事《なにごと》も喜《よろこ》び　神業《かんわざ》のまにまに我執《おのれ》を捨《す》てて践《ふ》み行《おこな》うこそ　人《ひと》の人《ひと》たる真《まこと》の道《みち》と悟《さと》りて」とあり、人は神業のまにまに生かされて生きているのであるから、その神業のまにまに目の前に現れてくる事柄に自分の誠を表現することが人間のすべきことだと説かれています。

ＰＬ遂断詞についてもう少し述べましょう。大元霊《みおやおおかみ》はこの世の法則であると思ってください。この法則によってこの世に生まれ生育しているあらゆるものは日に日に育ち太っています。そして人間は「大神《おおかみ》の恩頼《みたまのふゆ》のまにまに天地《あめつち》の法則《みのり》さながら　世《よ》のため人《ひと》のため芸術生活《うるわしきたつき》に生《い》くる個性《さが》を授《さず》かり　人《ひと》の世《よ》の永遠《とわ》の自由《みさち》に献《ささ》げまつることを道《みち》と定《さだ》めしめたまう」と示されています。これは、人間が一人一人皆違う個性を与えられているということは神のお恵みである、ということです。

細かいことを申し上げるには紙幅が足りませんので、大まかな道筋に触れるとすれば、まず自分の考えにとらわれずに、世のため人のためを考え、身近な人を含めていろいろな人と仲良くすることを考えることが大切です。そうして暮らしていればきっと、そのときどきにどのような人とも仲良くする道を発見でき、ＰＬが掲げる世界平和の具現に向けて進んでいけるのです。

その道を発見するためには、〝神の恵み〟〝おしえおやの恵み〟を頂いて、人と仲良くすることの楽しさを知ることが重要なのです。このことをぜひ心に刻んでおいてください。

ある時、道を歩いていて、ふと気付いたことですが、上司の先生の言ったことが気になってぶつぶつ不足を思っていたのです。普段はその先生にはいろいろとご恩を受けていて感謝だけしかないのに、不足なことが一つあるとそのことが気になって、感謝すべきことを忘れてしまっていることに気が付いたのです。

私たちの考えは、不足を思うか、感謝するかのどちらかであって、その中間はないのです。そう気が付いて、おしえおやが、「感謝は探してでもせよ」とおっしゃられた意味がやっと分かったのです。

神の恵み、おしえおやの恵みに包まれて暮らしている私たちです。そのお恵みに感謝を忘れずに暮らしましょう。

本書は月刊『ＰＬ』で２０１４年８月号から２０１６年７月号まで連載したものを加筆、再編集したものです。

川島通資（かわしま・みちすけ）
昭和７年福岡県北九州市生まれ。東京大学文学部哲学科、同宗教学宗教史学科を卒業。同大学大学院人文科学研究科修士課程、博士課程を修了。昭和29年、パーフェクト　リバティー教団教師を拝命。ＰＬ学園女子短期大学学長、文教部次長を歴任した。

暮らしを彩るＰＬ信仰生活心得

平成29年6月1日　初版第一刷発行
令和5年6月21日　初版第三刷発行

著　者　川島通資
発行者　石井　裕
発行所　株式会社芸術生活社
東京都渋谷区神山町16番1号
電話　(03) 3469-1151
印刷所 東洋紙業株式会社

ISBN 978-4-328-01312-6　C0014